書名：《平洋地理入門》《巒頭圖解》合刊
系列：心一堂術數古籍珍本叢刊　堪輿類
作者：【清】盧崇台　輯
主編、責任編輯：陳劍聰
心一堂術數古籍珍本叢刊編校小組：陳劍聰　素聞　梁松盛　鄒偉才　虛白盧主

出版：心一堂有限公司
通訊地址：香港九龍旺角彌敦道六一〇號荷李活商業中心十八樓〇五－〇六室
深港讀者服務中心：中國深圳市羅湖區立新路六號羅湖商業大厦負一層〇〇八室
電話號碼：(852)67150840
網址：publish.sunyata.cc
電郵：sunyatabook@gmail.com
網店：http://book.sunyata.cc
淘寶店地址：https://shop210782774.taobao.com
微店地址：https://weidian.com/s/1212826297
臉書：https://www.facebook.com/sunyatabook
讀者論壇：http://bbs.sunyata.cc/

版次：二零一三年十二月初版
平裝

港幣　二百九十八元正
定價：人民幣　二百九十八元正
新台幣　九百八十元正

國際書號：ISBN 978-988-8266-42-5



香港發行：香港聯合書刊物流有限公司
地址：香港新界大埔汀麗路36號中華商務印刷大廈3樓
電話號碼：(852)2150-2100
傳真號碼：(852)2407-3062
電郵：info@suplogistics.com.hk

台灣發行：秀威資訊科技股份有限公司
地址：台灣台北市內湖區瑞光路七十六巷六十五號一樓
電話號碼：+886-2-2796-3638
傳真號碼：+886-2-2796-1377
網絡書店：www.bodbooks.com.tw
台灣國家書店讀者服務中心：
地址：台灣台北市中山區松江路二〇九號一樓
電話號碼：+886-2-2518-0207
傳真號碼：+886-2-2518-0778
網絡書店：http://www.govbooks.com.tw

中國大陸發行　零售：深圳心一堂文化傳播有限公司
深圳地址：深圳市羅湖區立新路六號羅湖商業大厦負一層〇〇八室
電話號碼：(86)0755-82224934

心一堂微店二維碼

心一堂淘寶店二維碼

# 心一堂術數古籍珍本叢刊 總序

## 術數定義

術數，大概可謂以「推算、推演人（個人、群體、國家等）、事、物、自然現象、時間、空間方位等規律及氣數，並或通過種種『方術』，從而達致趨吉避凶或某種特定目的」之知識體系和方法。

## 術數類別

我國術數的內容類別，歷代不盡相同，例如《漢書・藝文志》中載，漢代術數有六類：天文、曆譜、無行、蓍龜、雜占、形法。至清代《四庫全書》，術數類則有：數學、占候、相宅相墓、占卜、命書、相書、陰陽五行、雜技術等，其他如《後漢書・方術部》、《藝文類聚・方術部》、《太平御覽・方術部》等，對於術數的分類，皆有差異。古代多把天文、曆譜、及部份數學均歸入術數類，而民間流行亦視傳統醫學作為術數的一環；此外，有些術數與宗教中的方術亦往往難以分開。現代學界則常將各種術數歸納為五大類別：命、卜、相、醫、山，通稱「五術」。

本叢刊在《四庫全書》的分類基礎上，將術數分為九大類別：占筮、星命、相術、堪輿、選擇、三式、讖緯、理數（陰陽五行）、雜術。而未收天文、曆譜、算術、宗教方術、醫學。

## 術數思想與發展——從術到學，乃至合道

我國術數是由上古的占星、卜蓍、形法等術發展下來的。其中卜蓍之術，是歷經夏商周三代而通過「龜卜、蓍筮」得出卜（卦）辭的一種預測（吉凶成敗）術，之後歸納並結集成書，此即現傳之《易經》。經過春秋戰國至秦漢之際，受到當時諸子百家的影響、儒家的推崇，遂有《易傳》等的出現，原本是卜蓍術書的《易經》，被提升及解讀成有包涵「天地之道（理）」之學。因此，《易・繫辭傳》曰：「易與天地準，故能彌綸天地之道。」

漢代以後，易學中的陰陽學說，與五行、九宮、干支、氣運、災變、律曆、卦氣、讖緯、天人感應說等相結

合，形成易學中象數系統。而其他原與《易經》本來沒有關係的術數，如占星、形法、選擇，亦漸漸以易理（象數學說）為依歸。《四庫全書・易類小序》云：「術數之興，多在秦漢以後。要其旨，不出乎陰陽五行，生尅制化。實皆《易》之支派，傅以雜說耳。」至此，術數可謂已由「術」發展成「學」。

及至宋代，術數理論與理學中的河圖洛書、太極圖、邵雍先天之學及皇極經世等學說給合，通過術數以演繹理學中「天地中有一太極，萬物中各有一太極」（《朱子語類》）的思想。術數理論不單已發展至十分成熟，而且也從其學理中衍生一些新的方法或理論，如《梅花易數》、《河洛理數》等。

在傳統上，術數功能往往不止於僅僅作為趨吉避凶的方術，及「能彌綸天地之道」的學問，亦有其「修心養性」的功能，「與道合一」（修道）的內涵。《素問・上古天真論》：「上古之人，其知道者，法於陰陽，和於術數。」數之意義，不單是外在的算數、歷數、氣數，而是與理學中同等的「道」、「理」—心性的功能，北宋理氣家邵雍對此多有發揮：「聖人之心，是亦數也」、「萬化萬事生乎心」、「心為太極」。《觀物外篇》：「先天之學，心法也。……蓋天地萬物之理，盡在其中矣，心一而不分，則能應萬物。」反過來說，宋代的術數理論，受到當時理學、佛道及宋易影響，認為心性本質上是等同天地之太極。天地萬物氣數規律，能通過內觀自心而有所感知，即是內心也已具備有術數的推演及預測、感知能力；相傳是邵雍所創之《梅花易數》，便是在這樣的背景下誕生。

《易・文言傳》已有「積善之家，必有餘慶；積不善之家，必有餘殃」之說，至漢代流行的災變說及讖緯說，我國數千年來都認為天災，異常天象（自然現象），皆與一國或一地的施政者失德有關；下至家族、個人之盛衰，也都與一族一人之德行修養有關。因此，我國術數中除了吉凶盛衰理數之外，人心的德行修養，也是趨吉避凶的一個關鍵因素。

## 術數與宗教、修道

在這種思想之下，我國術數不單只是附屬於巫術或宗教行為的方術，又往往已是一種宗教的修煉手段—通過術數，以知陰陽，乃至合陰陽（道）。「其知道者，法於陰陽，和於術數。」例如，「奇門遁甲」術中，即分為「術奇門」與「法奇門」兩大類。「法奇門」中有大量道教中符籙、手印、存想、內煉的內容，是道教內丹外法的一種重要外法修煉體系。甚至在雷法一系的修煉上，亦大量應用了術數內容。此外，相術、堪輿術中也有修煉望氣色的方法；堪輿家除了選擇陰陽宅之吉凶外，也有道教中選擇適合修道環境（法、財、侶、地中的地）的方法，以至通過堪輿術觀察天地山川陰陽之氣，亦成為領悟陰陽金丹大道的一途。

## 易學體系以外的術數與的少數民族的術數

我國術數中，也有不用或不全用易理作為其理論依據的，如楊雄的《太玄》、司馬光的《潛虛》。也有一些占卜法、雜術不屬於《易經》系統，不過對後世影響較少而已。

外來宗教及少數民族中也有不少雖受漢文化影響（如陰陽、五行、二十八宿等學說）但仍自成系統的術數，如古代的西夏、突厥、吐魯番等占卜及星占術，藏族中有多種藏傳佛教占卜術、苯教占卜術、擇吉術、推命術、相術等；北方少數民族有薩滿教占卜術；不少少數民族如水族、白族、布朗族、佤族、彝族、苗族等，皆有占雞（卦）草卜、雞蛋卜等術，納西族的占星術、占卜術，彝族畢摩的推命術、占卜術…等等，都是屬於《易經》體系以外的術數。相對上，外國傳入的術數以及其理論，對我國術數影響更大。

## 曆法、推步術與外來術數的影響

我國的術數與曆法的關係非常緊密。早期的術數中，很多是利用星宿或星宿組合的位置（如某星在某州或某宮某度）付予某種吉凶意義，并據之以推演，例如歲星（木星）、月將（某月太陽所躔之宮次）等。不過，由於不同的古代曆法推步的誤差及歲差的問題，若干年後，其術數所用之星辰的位置，已與真實星辰的位置不一樣了；此如歲星（木星），早期的曆法及術數以十二年為一周期（以應地支），與木星真實周期十一點八六年，每幾十年便錯一宮。後來術家又設一「太歲」的假想星體來解決，是歲星運行的相反，週期亦剛好是十二年。而術數中的神煞，很多即是根據太歲的位置而定。又如六壬術中的「月將」，原是立春節氣後太陽躔娵訾之次而稱作「登明亥將」，至宋代，因歲差的關係，要到雨水節氣後太陽才躔娵訾之次，當時沈括提出了修正，但明清時六壬術中「月將」仍然沿用宋代沈括修正的起法沒有再修正。

由於以真實星象周期的推步術是非常繁複，而且古代星象推步術本身亦有不少誤差，大多數術數除依曆書保留了太陽（節氣）、太陰（月相）的簡單宮次計算外，漸漸形成根據干支、日月等的各自起例，以起出其他具有不同含義的眾多假想星象及神煞系統。唐宋以後，我國絕大部份術數都主要沿用這一系統，也出現了不少完全脫離真實星象的術數，如《子平術》、《紫微斗數》、《鐵版神數》等。後來就連一些利用真實星辰位置的術數，如《七政四餘術》及選擇法中的《天星選擇》，也已與假想星象及神煞混合而使用了。

隨着古代外國曆（推步）、術數的傳入，如唐代傳入的印度曆法及術數，元代傳入的回回曆等，其中我國占星術便吸收了印度占星術中羅睺星、計都星等而形成四餘星，又通過阿拉伯占星術而吸收了其中來自希臘、巴比倫占星術的黃道十二宮、四元素學說（地、水、火、風），並與我國傳統的二十八宿、五行說、神煞系統並存而形成《七政四餘術》。此外，一些術數中的北斗星名，不用我國傳統的星名：天樞、天璿、天璣、天權、玉衡、開陽、搖光，而是使用來自印度梵文所譯的：貪狼、巨門、祿存、文曲，廉貞、武曲、破軍等，此明顯是受到唐代從印度傳入的曆法及占星術所影響。如星命術的《紫微斗數》及堪輿術的《撼龍經》等文獻中，其星皆用印度譯名。及至清初《時憲曆》，置潤之法則改用西法「定氣」。清代以後的術數，又作過不少的調整。

## 術數在古代社會及外國的影響

術數在古代社會中一直扮演着一個非常重要的角色，影響層面不單只是某一階層、某一職業、某一年齡的人，而是上自帝王，下至普通百姓，從出生到死亡，不論是生活上的小事如洗髮、出行等，大事如建房、入伙、出兵等，從個人、家族以至國家，從天文、氣象、地理到人事、軍事，從民俗、學術到宗教，都離不開術數的應用。如古代政府的中欽天監（司天監），除了負責天文、曆法、輿地之外，亦精通其他如星占、選擇、堪輿等術數，除在皇室人員及朝庭中應用外，也定期頒行日書、修定術數，使民間對於天文、日曆用事吉凶及使用其他術數時，有所依從。

在古代，我國的漢族術數，甚至影響遍及西夏、突厥、吐蕃、阿拉伯、印度、東南亞諸國、朝鮮、日本、越南等地，其中朝鮮、日本、越南等國，一至到了民國時期，仍然沿用着我國的多種術數。

## 術數研究

術數在我國古代社會雖然影響深遠，「是傳統中國理念中的一門科學，從傳統的陰陽、五行、九宮、八卦、河圖、洛書等觀念作大自然的研究。……傳統中國的天文學、數學、煉丹術等，要到上世紀中葉始受世界學者肯定。可是，術數還未受到應得的注意。術數在傳統中國科技史、思想史，文化史、社會史，甚至軍事史都有一定的影響。……更進一步了解術數，我們將更能了解中國歷史的全貌。」（何丙郁《術數、天文與醫學 中國科技史的新視野》，香港城市大學中國文化中心。）

可是術數至今一直不受正統學界所重視，加上術家藏秘自珍，又揚言天機不可洩漏，「（術數）乃吾國科學與哲學融貫而成一種學說，數千年來傳衍嬗變，或隱或現，全賴一二有心人為之繼續維繫，賴以不絕，其中確有學術上研究之價值，非徒癡人說夢，荒誕不經之謂也。其所以至今不能在科學中成立一種地位者，實有數困。蓋古代士大夫階級目醫卜星相為九流之學，多恥道之；而發明諸大師又故為惝恍迷離之辭，以待後人探索；間有一二賢者有所發明，亦秘莫如深，既恐洩天地之秘，複恐譏為旁門左道，始終不肯公開研究，成立一有系統說明之書籍，貽之後世。故居今日而欲研究此種學術，實一極困難之事。」（民國徐樂吾《子平真詮評註》，方重審序）

現存的術數古籍，除極少數是唐、宋、元的版本外，絕大多數是明、清兩代的版本。其內容也主要是明、清兩代流行的術數，唐宋以前的術數及其書籍，大部份均已失傳，只能從史料記載、出土文獻、敦煌遺書中稍窺一鱗半爪。

**術數版本**

坊間術數古籍版本，大多是晚清書坊之翻刻本及民國書賈之重排本，其中豕亥魚魯，或而任意增刪，往往文意全非，以至不能卒讀。現今不論是術數愛好者，還是民俗、史學、社會、文化、版本等學術研究者，要想得一常見術數書籍的善本、原版，已經非常困難，更遑論稿本、鈔本、孤本。在文獻不足及缺乏善本的情況下，要想對術數的源流、理法、及其影響，作全面深入的研究，幾不可能。

有見及此，本叢刊編校小組經多年努力及多方協助，在中國、韓國、日本等地區搜羅了一九四九年以前漢文為主的術數類善本、珍本、鈔本、孤本、稿本、批校本等千餘種，精選出其中最佳版本，以最新數碼技術清理、修復版面，更正明顯的錯訛，部份善本更以原色精印，務求更勝原本，以饗讀者。不過，限於編校小組的水平，版本選擇及考證、文字修正、提要內容等方面，恐有疏漏及舛誤之處，懇請方家不吝指正。

心一堂術數古籍珍本叢刊編校小組

二零零九年七月

# 平洋總論

大凡平洋擇地龍脉則無可捉摸水脉則顯然易見與其求無可捉摸之龍而不得不求顯然易見之水而能明乎水當求其法而法之至精至妙者則莫如楊公救貧水法間嘗本楊公之法以覆驗舊塋見夫合之者則丁財兩旺不合者即敗產乏嗣吉凶響應歷歷不爽然後知坐空朝滿收水立向數大端為平洋真訣秘訣也青囊經云富貴貧賤在水神水是山家血脉精又云坐向須明生尅仲進退水神要知蹤又云八干四維流皆吉但把放水向上看可見地無吉凶而水能使

之有吉凶也水無吉凶而向能使之有吉凶也所以平洋擇地識地必先認水認水要在立向近世師每貪外堂朝對而不顧內堂水法強扯三吉硬拉六秀豈知內堂一不合則未受吉秀之福已先羅敗絕之禍矣可勝惜哉青田劉先生云坐下若無真氣脈面前空疊萬重山又云莫把前山為據但求坐下為宗此所謂門內之人方為我用也故內堂水法合局外堂再有朝對自然為大發之地即無朝對而水法盛旺合局亦發富貴是認水立向乃平洋確切不移之準則也今將平洋收水立向次第入門之圖說並錄於後

欲學地理必先明干支

乾坤艮巽是四維　甲庚丙壬乙辛丁癸是八干

四維八干十二字皆屬陽主動來水去水皆吉亦宜立向

子丑寅卯　辰巳午未　申酉戌亥是十二支　地支十二字皆屬

陰主靜來水去水皆凶只宜立向既知干支須明淨山

何謂淨山是合一天干字一地支字兩字為同宮也如

壬子同宮　癸丑同宮　艮寅同宮　甲卯同宮　乙辰同宮　巽巳同宮

丙午同宮　丁未同宮　坤申同宮　庚酉同宮　辛戌同宮　乾亥同宮

今將淨山圖式繪列於後

# 逆山圖式

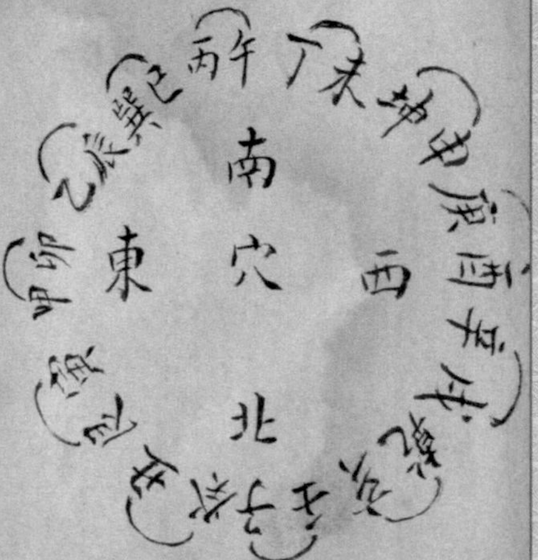


兩字勾任者即字
兩字同宮也

既知逆山須分四局

何謂四局即金木水火四局也夫惟言金木水火而不言土者何也是土居中央即葬穴之處也然四局何以分以兩道之交會之去水定四局也去水口必在八干四維十二字上去方吉不可於十二地支字上去犯之則凶青囊經云四維八干流皆吉若放支神起禍殃此之謂也

# 水口定局圖式

凡在丁坤庚三字
去水皆為木局

凡在乙巽丙三字
去水皆為水局

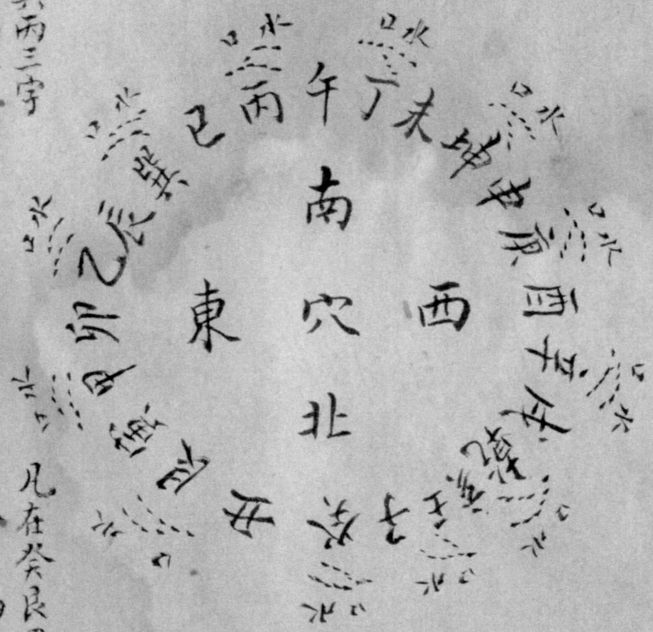


凡在辛乾壬三字
去水皆為火局

凡在癸艮甲三字
去水皆為木局

既知四局水口又當明九宮水法

九宮水是

長生　沐浴　冠帶　臨官　帝旺　衰　病　死　墓

絕　胎　養

此步位雖分十二宮而生養同宮病死同宮絕胎同宮積而為九宮水也此地理之要務須熟記之

既熟九宮水須明四局四生三合

四生者是九宮水分布十二宮於金木水火四局起長生也

金局於巽巳起長生由左向右順數十二宮至乙辰宮為

養位是為金局。四局皆順數

木局於乾亥起長生順數至辛戌養位為木局

水局於坤申起長生順數至丁未養位為水局

火局於艮寅起長生順數至癸丑養位為火局

金將九宮水分布十二宮即金局繪成一圖。餘三局

以此類推。

金局九宮水圖

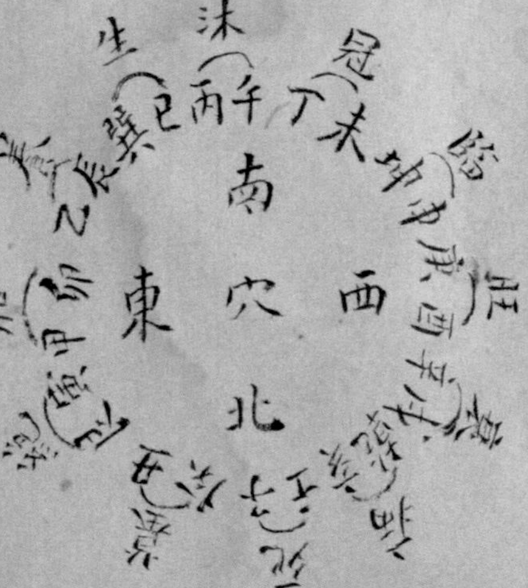

三合者。是四局之生。旺。墓。也。

巽庚癸
巳酉丑 是金局生旺墓。

乾甲丁
亥卯未 是木局生旺墓。

坤壬乙
申子辰 是水局生旺墓。

艮丙辛
寅午戌 是火局生旺墓。

## 四局三合生旺墓圖

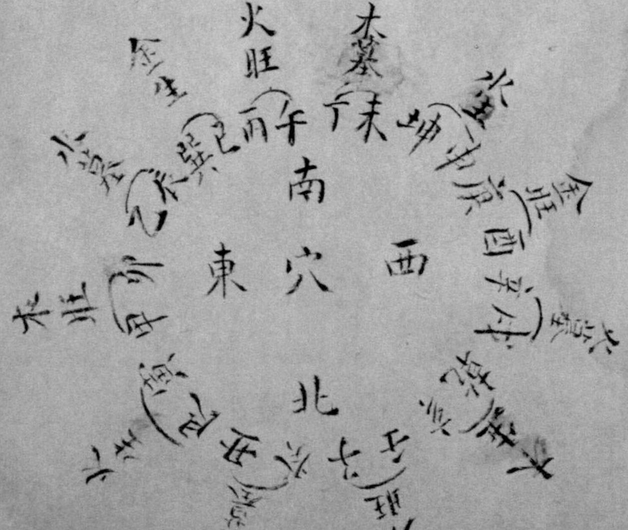

既知四生三合當識九宮水揑法如

乾△亥△是　木生△　水臨△　金病△　火絕△

艮△寅△是　火生△　木臨△　水病△　金絕△

巽△巳△是　金生△　火臨△　木病△　水絕△

坤△申△是　水生△　金臨△　火病△　木絕△

壬△子△是　木沐△　水旺△　金死△　火胎△

甲△卯△是　火沐△　木旺△　水死△　金胎△

丙△午△是　金沐△　火旺△　木死△　水胎△

庚△酉△是　水沐△　金旺△　火死△　木胎△

癸△丑△是　木冠△　水衰△　金墓△　火養△

乙辰是　火冠　木衰　水墓　金養

丁未是　金冠　火衰　木墓　水養

辛戌是　水冠　金衰　火墓　木養

平洋用九宮收水立向必須用羅經盡外層天盤至山

地格龍則用内層地盤逆行九宮

## 九宮總記法

乾坤艮巽亥申寅巳是四局生臨病絕

甲庚丙壬卯酉午子是四局沐旺死胎

乙辛丁癸辰戌未丑是四局冠衰墓養

今將四局九宮水提法並繪圖於後

# 九宮水揑法圖式

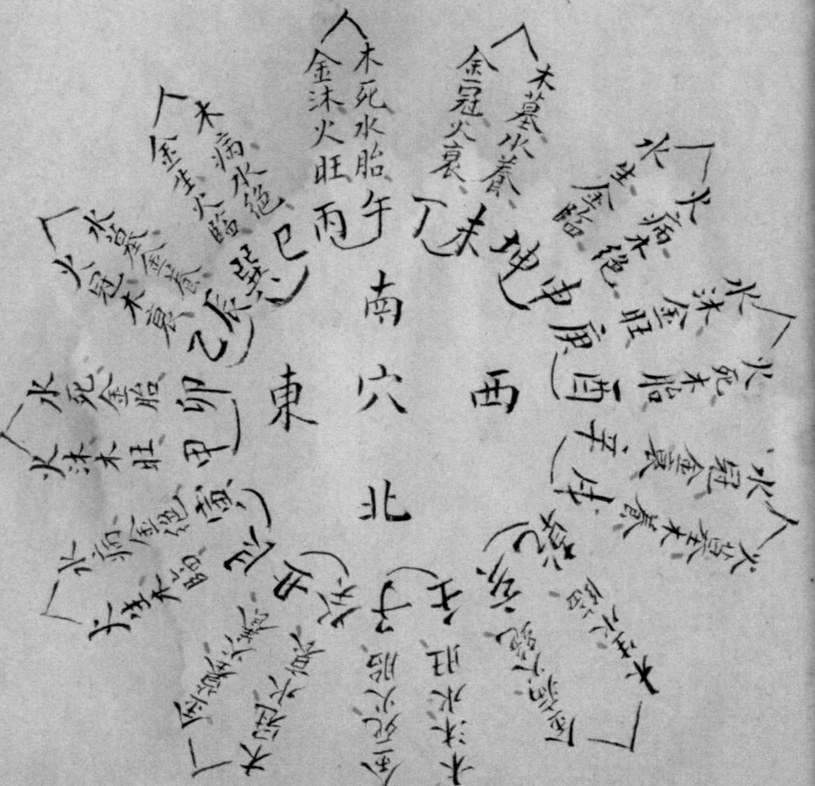

九宮水法既熟爛於心則當知水之何吉何凶收水之訣要在收吉水上堂撥凶水歸庫此一定之法也

生養水　貪狼星吉

冠帶水　文昌星吉

帝旺水　武曲星吉

病死水　廉貞星凶

絕胎水　祿存星來水凶去水吉須合局

沐浴水　文曲星同衆吉水並來吉獨來為首來凶

臨官水　武曲星吉

衰　水吉　巨門星為學堂水來去皆吉

墓　水　破軍星為庫吉亦可立向來水凶

水之吉凶全憑乎向故收水須明立向

凡四局立向惟生旺墓養四宮可立向餘皆不可立向然生旺墓養雖可立向要必分左水倒右立何向右水倒左立何向也

今將立向去水合局之法開列於後並繪圖以備參考。

立向憑去水口捷法

凡去水口在乙、辛、丁、癸四字之方。合四局墓庫者。

左水倒右。則立四局旺向。

右水倒左。則立四局生向。

凡去水口在乾、坤、艮、巽四字之方。合四局絕位者。

左水倒右。則立四局墓向。

右水倒左。則立四局養向。

凡去水口在乙、辛、丁、癸。四字之方。不能合本局墓庫者。則立變局自生自旺。向自生者。自向上起長。生。也。自旺者

自向上起帝旺也○

左水倒右○則立四局自旺向○去水口合向上衰方去水

右水倒左○則立四局自生向○去水口合向上養位去水、

凡去水口在甲庚丙壬四字之方○合四局沐浴者○則立自生自旺向○消水即在向上沐浴方而去○為文庫消水局○

左水倒右○則立四局自生向○去水口在向上沐浴方○

右水倒左○則立四局自旺向○去水口在向上沐浴方○

今就金局○將每向各繪一圖○舉一局○而三局皆類推自知○

此圖是金局正生向名旺去迎生大吉之局庚來旺水坤来臨水乃来冠水皆為吉水惟丙方沐浴不可為首丙（丙字方起首来水犯桃花）來會衆水同來為天祿水則吉

右水倒左

金局正生向

知一局餘局類推

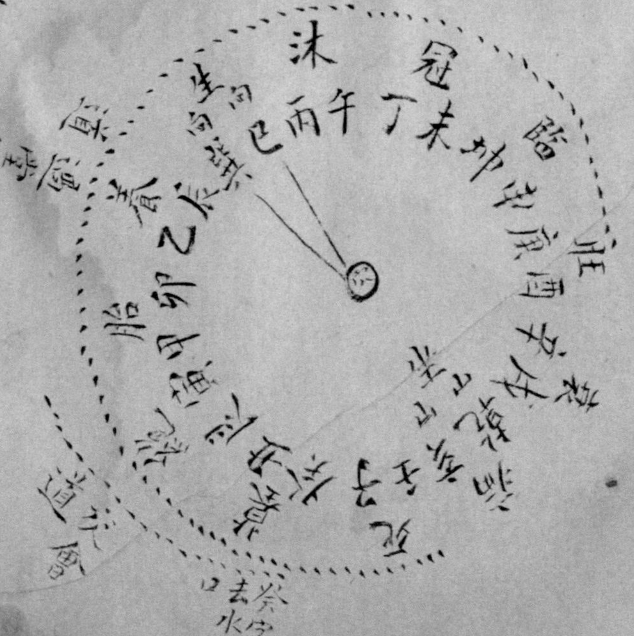

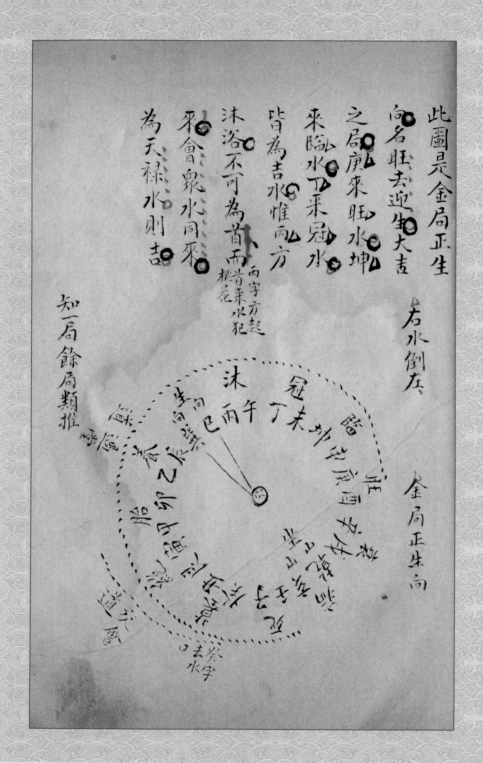

此圖是金局正旺向
名生來會旺大吉之
局巽来生水丙與巽
同来為天祿水丁来
冠水坤来臨水合向
上庚子旺水合向上
庚字旺同歸癸字
正墓庫而去與前
圖生向皆為三方吊照大
富大貴至美之局

左水倒右

金局正旺向

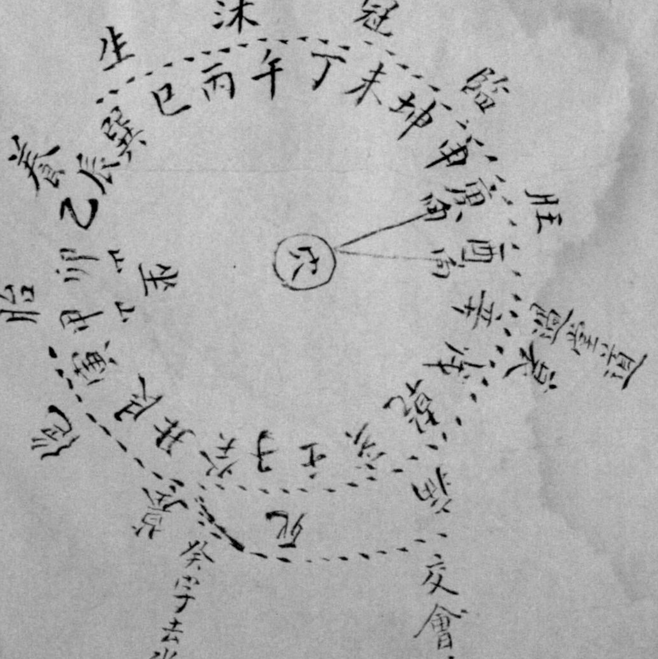


知一局餘三局類推

此圖是金局正墓向為癸山歸帝位發文章上吉之局收庚来旺水辛山來巨門水乾壬山二水雖為病死惟墓向無妨以會旺水學堂水同來又癸祿在子山祿在亥是合向上祿水過堂故亦吉也九宮水補遺云病死本凶水墓向却無妨即此之謂也

金局正墓向　左水倒右

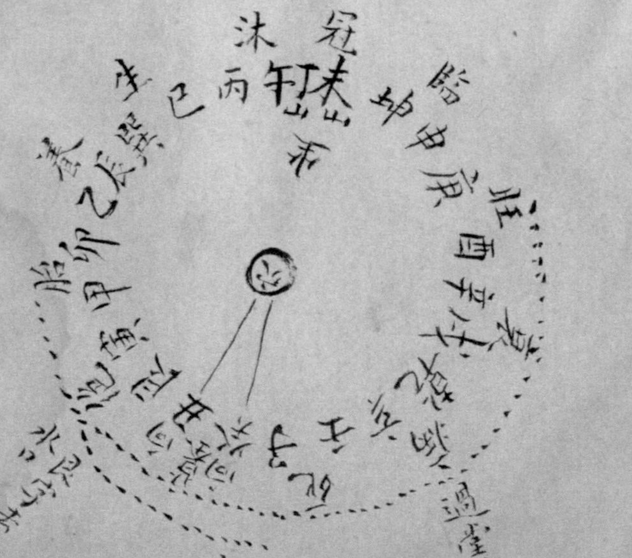


餘三局同推

此圖是金局正養向名
貴人祿馬上御街大吉
之局巽來為旺水坤來
為臨水丁來為冠水
丙方合衆水同來為
天祿水但不可於此方
為首來如於此方入首
如於此方為首則犯桃
花巽來為生水收衆吉
水過堂同歸乙字絕
位而去是為合局合
法大發富貴

金局正養向　右水倒左

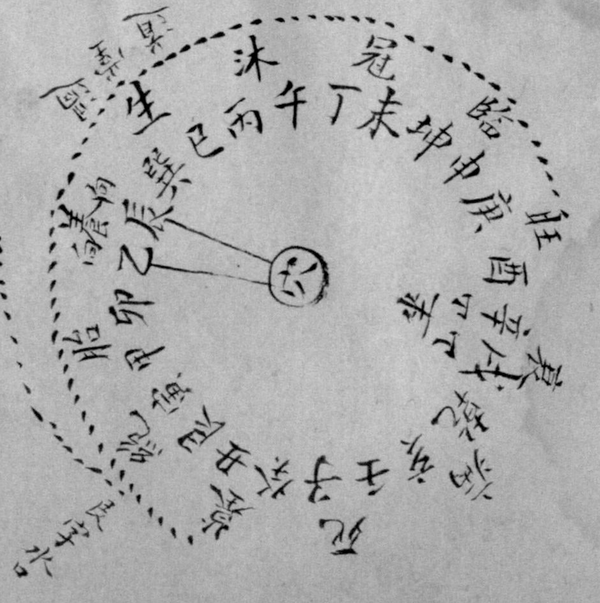


餘三局同推

此圖是金局自生向名絕處逢生亦至穩上吉之局曰金局者以水口定局也自生者自向上起長生也此局於癸方去水金局當立巽巳向而丙方來水則犯桃花故立火局生向則自向上起長生數至丙方為旺水矣合巽方臨水乙方冠水甲方天祿水向上生水同歸癸字而去為借庫消水自生向發富貴人丁大吉

金局自生向　右水倒左

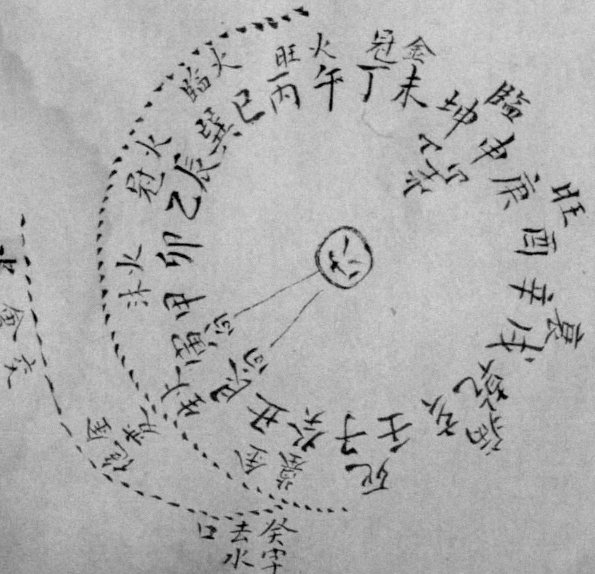


餘三局同推

此圖是金局自旺向名化死為旺亦至穩上吉之局此圖立庚酉金局旺向未始不可然或不合坐空朝滿之法亦或水脈盛旺丙坤來只一臨官過堂未免大地小用此局立乙卯向則坤來為長生水庚同坤來為天祿水乾來冠水乾來臨水合向上旺水同歸癸守而去為借庫消水自旺向自旺者自向上起帝旺也

金局自旺向　左水倒右

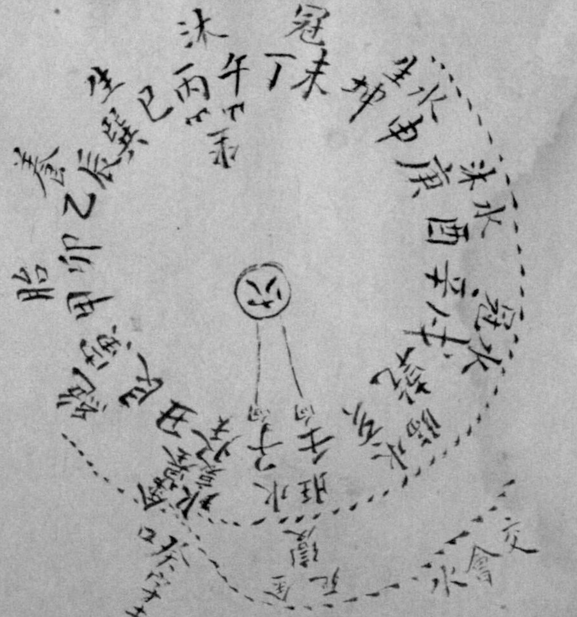


餘三局類推

以上六圖共二十四局十八向皆為至吉至穩之局水脉盛旺大發富貴人丁昌熾即水脉不旺而合局合法亦不失為温飽之家斷不至於敗絕如去水口不在乾坤艮巽乙辛丁癸八字之旁而在甲庚丙壬四字之旁則又有生向文庫消水四局旺向文庫消水四局何謂文庫消水是消向上沐浴方也但此八局必須消甲庚丙壬四字正位不可犯地支子午卯酉四字犯之主男女淫亂亦不可犯地支寅申巳亥四字犯之主敗絕不可輕用然果能合法合局水脉再旺亦發大富大貴人丁亦能大興若此則用之無

妨。凡用此局。必須仔細斟酌方可。
今將生向旺向。各繪一圖於後。以備參考。

此圖是金局沐浴消水
局是立火局生向為自
生向收金局辛來學
堂水合向上癸来養卯
巳字生水同歸向上沐浴
方與丙正位不犯地支
卯字而劫名祿存流
盡佩金魚為文庫
消水自生向無萬
不可犯卯字犯之
主淫好賭亦不可
犯寅字犯之主敗絕
不可輕用合局無妨

金局自生文庫消水　左水倒右

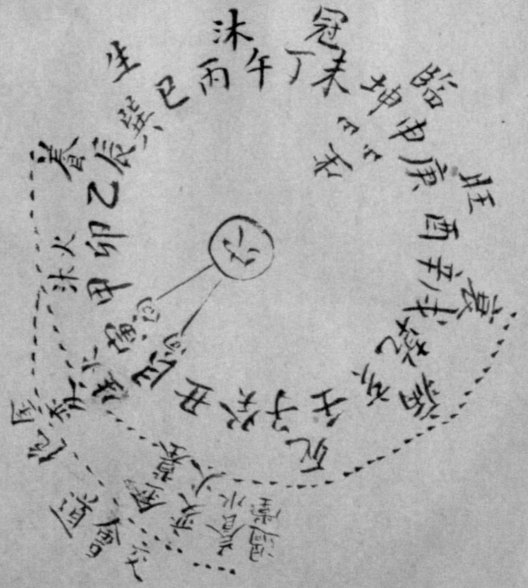

餘三局類推

金局自旺文庫消水　右水倒左

此圖是金局自旺向文庫消水之局是立火局旺向收向上丁未學堂水合向上旺水過堂與巽臨水乙冠水同歸甲乳正位而去合向上沐浴為文庫消水若水脉盛旺合局與前圖生向皆能大發但不可犯寅卯二字犯之非敗絶即淫亂不可輕用合法合局無妨

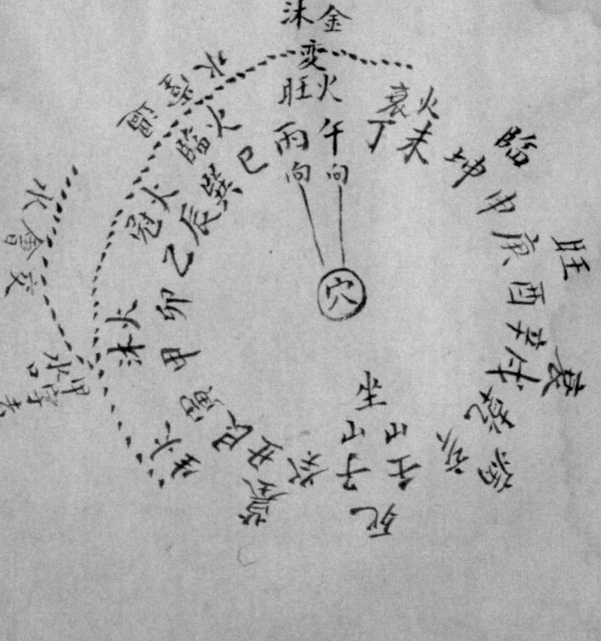


餘三局同推

以上二圖共八局十六向必須於甲庚丙壬四字之正位
去水。方為可用。萬勿輕忽。如於地支字放水。則害人
非淺。慎之慎之。且不惟此二局。宜天干放水。莫論何
局。來去水皆宜在天干之方也。若於地支去水。雖水
法合局。水。脉亦旺。則初年暴發。久之終歸於敗絕。其
不合而犯地支者。更不必論矣。外尚有胎凶。向胎出水方四
局。衰向祿存四局。當面出水四局。雖為吉局。但少
差即凶。不可輕用。其圖說載在五訣。與直指原
真之中。是篇未及備錄。披閱二書自知。
立向收水。既能洞徹。而斷驗吉凶。惟楊公九

宮水法歌其靈如神百試百驗今将其歌
並錄於後

生養水

第一養生水到堂貪狼星照顯文章長位兒孫
多富貴人丁昌熾性忠良水曲大朝官職重水小
灣環福壽長養生流破終須絕少年寡婦守空房

沐浴水

沐浴水來犯桃花女子淫亂不由他投河自縊隨人走
血病官災破敗家子午方來田業盡卯酉流來好賭奢
若還流破生神位墮產淫聲帶鎖枷

冠帶水

冠帶水來人聰慧也主風流好賭奢七歲兒童能作賦文章博士萬人誇水神流去最為凶髫齡兒童死不差更損深閨嬌態女此方停蓄乃為佳

臨官水

臨官位上水聚積祿馬朝元喜氣新少年早入青雲路賢相籌謀佐聖君最忌此方出水去成才之子早歸陰家中寡婦常啼哭財穀空虛徹骨貧

帝旺水 立四局墓向宜即此水上堂

帝旺水來聚面前一堂旺氣發莊田官高爵重威名

顯金穀豐盈有剩錢最怕休囚來激散石崇富貴不
多年旺方流去根基薄乏食窮貧怨上天

衰水

衰方觀局巨門星學堂水到發聰明少年及第文
章富長壽星高金穀盈出入起居乘駟馬宴遊歌
舞玉壺春旺極總宜來去吉也須灣環更留情

病死水

病死二方水莫來天門巽戶不為乖更有科名官爵
重水若斜來起大災換妻毒藥刀兵禍軟腳風癱女
墮胎必主其家遭此害瘠勞蒸損瘦形骸

## 墓水

墓庫之方水怕臨破軍流去反為禎陣上揚名文武貴池湖停蓄富春申蕩然直去家資薄久債終年不了人水來充軍千里外三男二女總周零（此言四旺向有此水同病死水同來朝堂有此應驗）

## 絕胎水

絕胎水來不生兒孕死休囚絕後嗣總使有兒難保養父子分情夫婦離水大女人淫亂走小水私情暗會期此方只宜為水口祿存流盡佩金魚

## 又九宮水補遺歌

## 生養水

生養本吉水朝來怕地支少丁防損折長房絕後嗣

沐浴水

沐浴宜安靜祿存可放流地支不宜犯淫亂實堪憂

冠帶水

冠帶本吉水最怕病死衝酒色多淫蕩腸斷白頭翁

臨官水

病死沖臨官失血又吐痰高才夭並敗二房受禍先

帝旺水

甲庚丙壬朝房房俱得力若犯地支來小房美不足

經云甲庚朝堂腰懸金印丙壬聚局身掛朱衣

衰水

衰水有斜流奢淫事不休任他官宦子也應犯盜偷（有小路亦然）

病死水

病死本凶水墓向却無妨風疾臨門月富貴集禎祥（因與帝旺学堂水同到也）

墓水

墓水招横財富貴人興隆地支如沖射三房却有凶吉

絕胎水

絕胎可放水朝來却不祥更怕地支拱長二兩房殃

此二歌言雖淺近而精微皆在其中屢本二歌考驗

舊塋百試百驗吉凶響應奧妙如神知地理一學在

精微。不在筆墨也。近世學者。多務文詞。更以多見巨部地書自詡。及以舊學叩之。則茫然莫辨矣。即不知舊學之吉凶。又焉知新學之吉凶也。自昧又復昧人。其害人豈淺鮮哉。學地理者。要在得其真傳。更深之以閱歷。而斯道精也。

以上圖說雖畧舉大綱。然非熟明於此。而看書不能縷晰條分也。此為入門之階可耳。

# 跋言

天下事本無也故不可强牽以為有本有也更不可妄議以為無强牽以為有則任一己之私見管窺天蠡測海得一失千掛一漏萬昧理既真自誤者更以誤人自楊子非相之篇出而相術無損而益顯因孔子葬泰山葬曲阜之說有而地理增輝漢之張湯七世三公是尊何德宋之岳武穆血戰七十二父子卒以受誅果有何損然世皆言有吉人即有吉地在德不在地理此不過維持世道之苦心不得不云爾也舉古可以概今驗今而益生疑故余久羨地理

之說而未得其門嚮聞張伯文表丼云有陵州盧崇
台先生所緝平洋地理入門一書余未之見癸亥歲
教讀廣川張樾潭兄家見其手鈔披圖觀覽一
目了然言簡意核真名寔相符洵足為後學之
津梁矣愛不忍釋因錄一冊遂跋言於書後以識同
志云云

癸亥歲小陽月朔九日敬三氏錄

論八方天馬方位

東方震　南方離　西方兌　北方坎　再加乾艮巽坤　共為八方

借馬方與借祿同

丙借巽　壬借乾　甲借艮　庚借坤　即自生自旺二向亦借正局之馬主發富迅速

貴人例

甲戊兼牛羊（丑未）　乙己鼠猴鄉（子申）　丙丁猪雞位（亥酉）　壬癸兔蛇藏（卯巳）　庚辛逢虎馬（寅午）　此是貴人方

正祿例

壬祿在亥　癸在子　甲祿在寅　乙在卯　丙祿在巳　丁在午　庚祿在申　辛在酉

三吉六秀并催官貴人

亥震庚為三吉方　艮丙巽辛兌丁為六秀　辛丙丁庚四山為陽　巽兌艮震四山為陰　若龍從此三處即是三吉六秀催官龍

貴人方位

甲山丑未為貴人　乙山子申　丙丁山酉亥是　壬癸山卯巳尋　庚辛山是午寅

乾山丑未與卯巳　坤山卯巳合子申　艮山酉亥　巽山寅午　子山卯巳　丑山卯巳共午寅
寅山丑未兼酉亥　卯山子申　辰山子申合卯巳　巳山午寅亥酉壽　午山亥酉　未山亥
酉又子申　申山午寅與乙卯　酉山午寅　戌山亥酉合午寅　亥山丑未卯巳是貴人
催官貴人祿馬山起峯主薦福如雷若立壬山丙向丙祿在巳臨官亦在巳寅午戌
馬居申丙丁猪鷄位若得亥兌巳申四山起峯為貴人祿馬出現謂之催官局若壬
癸龍入首壬癸兌蛇藏卯巳為貴人或再合化命之貴人祿馬山名謂直星貴人
主速發科再得艮丙峯交應又得天祿貴人峯又得六秀薦元峯果能向向
照此取用則發福無疑餘照同推

普安咒 凡一切修造動土念七遍凶煞避

抬頭望青天吾師在身邊普安祖師大神通五方神聖起空中不論年月與大歲年月日時好星宮弟子某人某年月日時東去五里西去五里南去五里北去五里五五二十五里諸神惡煞起在空間之地工課圓滿各歸方位好好好

放生咒 於三十夜間在天地前敬誦七七四十九遍用時無不應效不傳六耳

南無哆寶如來南無寶聖如來南無妙色深如來南無光寶深如來南無禮不違如來南無甘露王如來南無阿彌陀如來

# 雙山五行二十四向分金

立巽巳向　用丁巳丁亥　辛巳辛亥分金
立丙午向　用丙子丙午　庚子庚午分金
立丁未向　用丁未丁丑　辛未辛丑分金
立坤申向　用丙申丙寅　庚申庚寅分金
立庚酉向　用丁酉丁卯　辛酉辛卯分金
立辛戌向　用丙戌丙辰　庚戌庚辰分金
立乾亥向　用丁巳丁亥　辛巳辛亥分金
立壬子向　用丙子丙午　庚子庚午分金
立癸丑向　用丁丑丁未　辛丑辛未分金
立艮寅向　用丙寅丙申　庚寅庚申分金
立甲卯向　用丁卯丁酉　辛卯辛酉分金
立乙庚向　用丙辰丙戌　庚寅庚戌分金

甲庚丙壬乙辛丁癸八干用迎祿借祿分金四維無祿可迎陰借陽借陰即从本

宮兼用可也

龍訣方從水口定龍長生逆數

四局水口在辛△在乾△是乙△龍○在癸△在巳△是丁△龍○在乙△在巽△是辛△龍○在丁△在坤△是癸△

龍○

四局龍入首得位方

乙龍得午△巳△○丁龍酉△巽△方○辛龍是子△坤△○癸龍卯△乾△方○入首為得位○生為得位更

有生旺形○發富又發貴○此乃是真龍○

龍之陰陽左右轉法

乾坤艮震子寅辰午申戌屬陽右布巽離坤兌未巳卯丑亥酉屬陰

左布是陽龍左旋自生趨旺陰龍右旋自旺趨生

## 點穴歌

○立穴先須知四落。初末腰分皆可作。廖氏歌云。入穴先須明四落。有落皆堪作。初落由來近祖山。局勢必須完。腰落餘枝作城廓。吉氣若斯泊。末落名爲大盡龍。氣勢最豪頗雄。分落後龍擘脉去。貫穿(串)還可取。此可知四落之大槩矣。

## 初落之格

太祖華蓋落下結喉成星便作眞穴四山侍從週密主速發富貴但不長遠以龍氣短也

# 中落之格

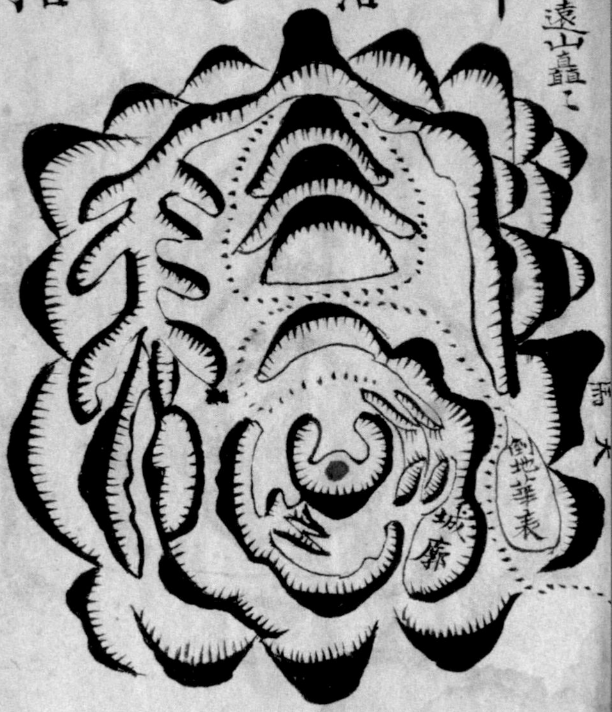


三堂俱見更得特朝餘枝雖去而為護纏百子千孫富貴綿遠之地

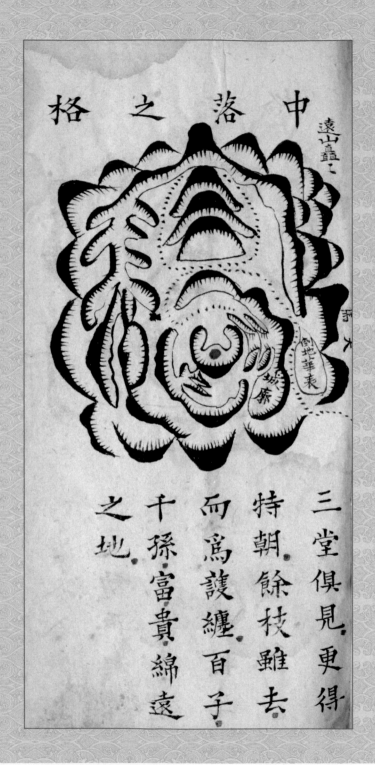

# 末落之格

乃貴人入帳出帳之勢再起屏障落平盡處結穴砂水輻輳主大富貴

## 分落之格

龍行未住但龍身起必主星脫下數節自成局面謂之分落特分龍身之氣而小可結作貫串淂法亦可興發但不長遠

諸葛統論八圓將。每將又分八百營。每營衷面挪八陳。每陳先鋒首八人。每人旗跟隨八首。每首旗跟八隊成。每隊更隨八首甲。每首甲跟八首兵。

更取情意綢繆、刘氏曰、砂忌、逼、凹、冲、射、尖、破、斜、飛、此可得撥砂之大畧矣、穴法解

○第二結局更精么欲來(求)穴的分明合

何謂結局直來而撞背者、名順結者也順來而斜出者名閃結者也正來而側落者名横結者也或翻身顧祖或轉直(面)以當(朝)服

極之或如倒騎之類俱直結者也此可知四落之中有四結矣

何謂分合隨龍而來之水會于大明堂者大分合也界穴而止之水合于內明堂者次分合也入穴螎融結之處上起毬而水從上分下有簷而水從下合所會於龍虎內

小明堂者小分合也有此則穴真無此則穴僞矣

撞背順結圖

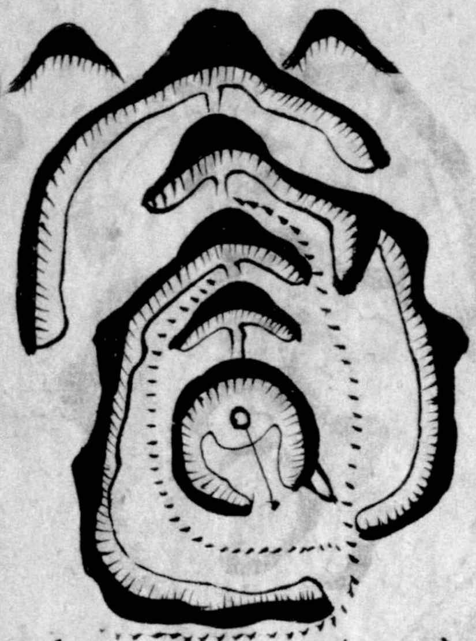

斜受閃結圖

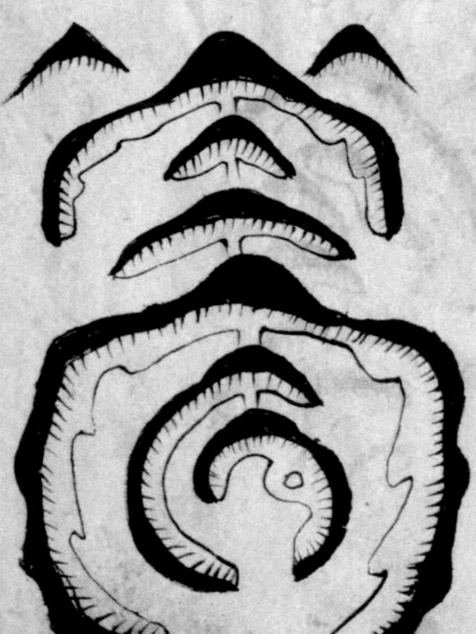

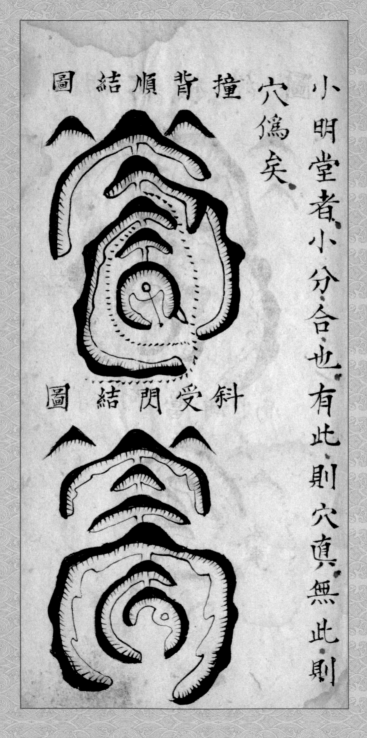

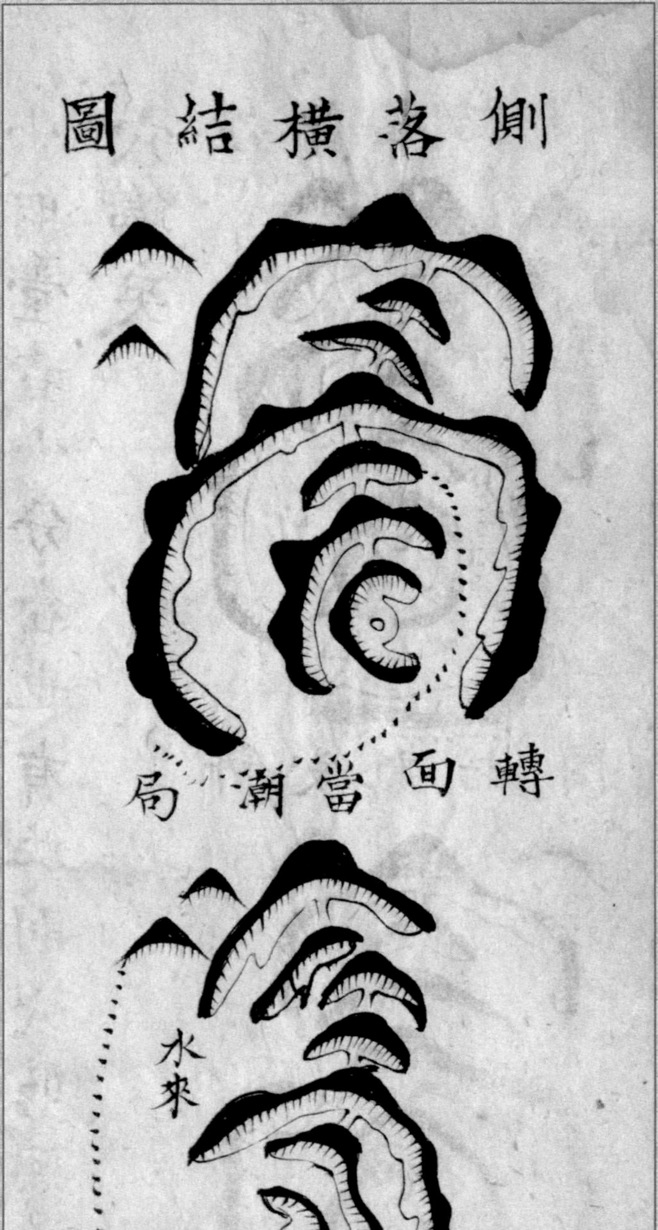
側落橫結圖
轉面當潮局
水來

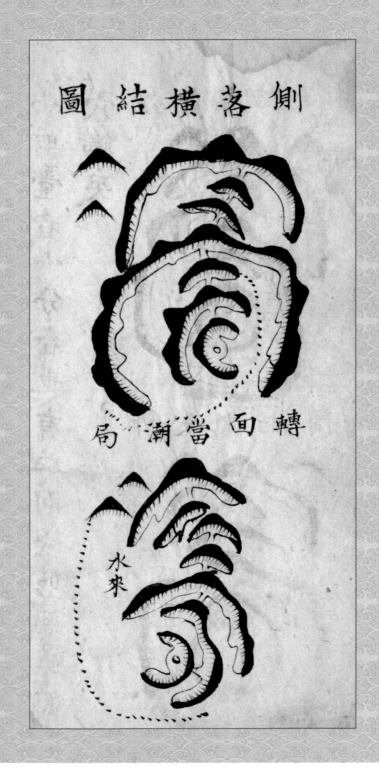

# 迴龍顧祖局

倒騎龍
不畵形
同穴星
篇

○第三教君詳四勢々中首取羅城密觀
四勢前後左右周圍局面是也詳前觀后
防空曠而吹胸結背盼左視右忌凹缺而
割耳射肩故郭氏曰障空補缺天造地誤設
此可知四勢之貴周密矣

○大小聚散任君裁

山以氣止而不能聚故諸峯散乱休留意
水以氣全而不乱蓄故群流迯去莫旁觀
源頭水尾無大地每山多而吉少來短去
長少眞結嘗禍重而福輕神前佛后多係
鬼刼之地石相水响鮮有眞氣之鍾一山
顧一水歸無因小聚而昧大散之勢四山

山遠四水聚當知大勢棄小節之疵故卜
曰一山一水有情小人所止大形大勢入
局君子攸居取小醇而遺大疵是曲管而
窺豹就衆凶而尋一吉猶緣木以求魚劉
氏曰無情無意漫輕遊萬嶂千山不轉頭
縱有前山生秀麗須交穴穴是虛塠蔡氏

曰大勢若聚則奇形怪穴而愈真正大勢若散則巧穴天然而反虛假合之可識四勢之貴團聚矣

高低偏正勢中悉

上句言勢有大小聚散當棄小而取其大聚

此句言穴有高低偏正當隨勢而爲之剖悉義詳下文

○山昂局穿（窄）高處點四伴平和低處潛砂局
穴（中正均停）中正依邊寬邊緊法當偏水斜山乱窠
中隱樂空下短定番身有來有局尋盡結
水窮山盡向腰尋
四圍高遍穴易墜嶺上尋踪四伴低曠穴
恐露麓下留情左高面（而）墜穴尋右〻高而

壓穴尋左任我推移前逼而穴宜扦後〻逼而穴宜趨前隨吾進退或近壓而遠秀或內瀉而外收穴須高取而論周圍或遠粗而近秀或外窄而內寬法須低藏而求窩聚四伴團彎宜識穿弓而架箭象山粗雜須知移步以換形山水兩佳局罕有官

禄雨就法須知倘有山不如水之有情禄當
就則就之也如水不若山之秀拱官當迎
則迎之焉來脉若天然休貪朝秀而誤轉
過水如弓返喜得砂蔽以深藏象大一細
取其細女坐閨中而不露象細一特取其
特鶴立鷄群而自奇坐忌空下忌曠特論

常理豈所執于番身迴結之局山直来穴横受多犯象忌被鳥知乎脫龍就局之權勢逆砂順識離鄉堪取貴水潮砂抱須知此地好救貧三山齊來望縮藏者而尋穴諸脉乱出有跌断者則為眞故蔡氏曰山川變態不一咫尺之轉移頓殊或俯視而

醜或高視而好或或左視而妍或右視而媸或秀氣在下而高則否或情意偏在右而左則虧此可知四勢之貴裁取矣

第四點穴要識脉正變怪形難比例取用還從頂足分晝在高人心目裡

穴脉以五星之正躰爲上九曜之变躰次之

故古人辨穴歌曰金宿開窩扦取水無窩
掛角水泡取若然窩角不分明硬面禍來
侵木星有節〻中取無節鍬皮軟處扦直
木開口却為奇陰穴定無疑火星結穴須
取土入穴原來要木乳無土難扦尖盡處
剪法方為是水宿不宜安水穴下了人丁

漸消滅。好從金頂問根原。應產子孫賢。陰
土。不宜重見陰。作穴須尋腹裡金。忽如閃
歸角裡落。流金方可作。觀此訣可知五星
正躰之穴矣。
又曰。本躰自身無龍虎。護借隅水。平面倒
地成星象。躰準高山。上起頂。下垂脉。龍虎均勻者名曰懸乳上有項下無乳右左分抱者命曰開口边有边無為单服股須防直竄一長一短号弱脚切忌斜飛無項折凹尋没骨貴有近樂棄正就斜安側腦喜得特朝重尨重虎進雙臂固密龍長虎長直出當防此可得九曜变脉之穴矣

又恠穴歌曰穴有怪奇人不識造化元可
惻体格何曾乱九星乍見得人驚騎龍須
要騎龍眷龍住應無敵藏龟閃跡在田中
水遠是真龍嫩石莫宜安石罅土穴端無
價捉月須云在水中迯要土來封斬関已
見前人下暫發火嫌假坐空轉面去張朝

不怕八風搖仰高山頂現星辰平面最為
眞変態無窮聊舉例作用皆如是又楊氏
曰龍已識無(眞)可疑尚有疑穴貴心思大抵
眞龍臨落穴先為虛穴貼身隨穴有乳頭
有鉺(鉗)口更有平坡無左右亦有高峯下帶
垂更有昂頭若(君)龍首也曾見(穴)在平洋四伴

周圍無高岡也曾見穴臨水際俗人見穴
無包藏也曾見穴如孩掌却與仰掌無兩
樣也曾出穴眞（直）如鎗兩水射脇自難當更
有兩山合一氣兩山同一塲君若識穴不
識怪只愛左右抱者强此與俗人無以異
多是葬在虛花中（裡）虛花左右砂有情仔細

辨來非正形虛花假穴更是巧仔細看來
無甚好怪穴形異穴人厭看如何子孫世襲
官只緣怪形君未識々淂裁穴却無難合
此可淂怪穴之体矣
○第五化氣名交度陰陽交度方無悞若然
失度穴難安斷取生凶消己福

化氣者陰陽交媾雌雄交度之謂是故乱
穴有四（凹）突穴有腌窩貴有西（凹）鉗貴有泡高
山尋窠平地尋雄支葬其嶺壠葬其麓是
謂陰陽有化氣則真矣故羅文土宿聚曰
入穴星峯似覆鍋覆鍋開口便生窩莫非
陽逕陰生處所以紋如指面羅結穴星峯

有口開口開唇裏要生推非莫陰極陽生處土宿中間似覆盃㢘氏曰陽來莫下煞硬陰來莫下虛腐捉脈賦曰陰中有陽止中有陰看穴內生成而奚若突中有窟止中有突審水抵（底）眠生之何如合之無非言穴有化氣方為眞結也

倘如孤陰孤陽而剛柔不分抑或非陰非陽而形勢雜乱莝如一有少差禍不旋腫踵而至故廖氏曰穴星由來有八病有病何勞定斬首折痕項下拖碎臌石嵯峨斷肩有水穿膊出剖腹陷長窟折臂原來左右抵破面浪痕埀陷陷足脚頭竄入水吐舌生

尖嘴此星中大有虧悮用禍相隨穴面又
有四般病有病皆惡症貫項脉從腦上抽
星峯不現頭墜是脉從脚下去靈光何所
聚綳面横生脉数條生氣自潛消飽肚粗
如覆箕樣醜惡那堪相此則廖公略剖其
病而猶未悉也廣之有如頸長翅短童頭

襲弦、竹篙、水梘、鱉裙、半（牛）軛、擁膝、搖拳、反肘、路
骨、弩嘴、鍬面、仰瓦、空窠、玄武、壁立、白虎、入
入堂之類。

○此之總言穴無化氣、抵（紙）屬偽結矣、
偽結圖形誤（在）左

筲箕

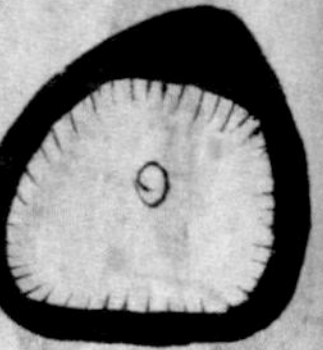

竹篙

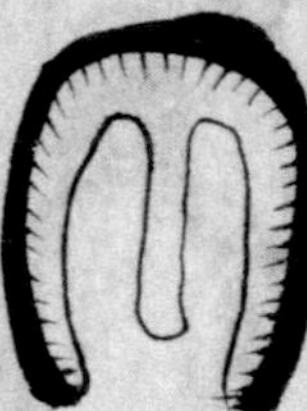

牛軛

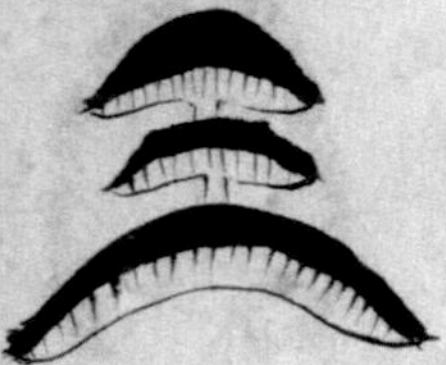

頭長

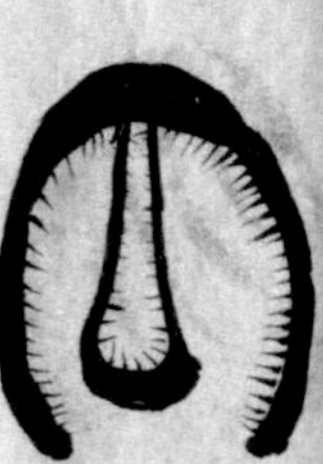

水梘

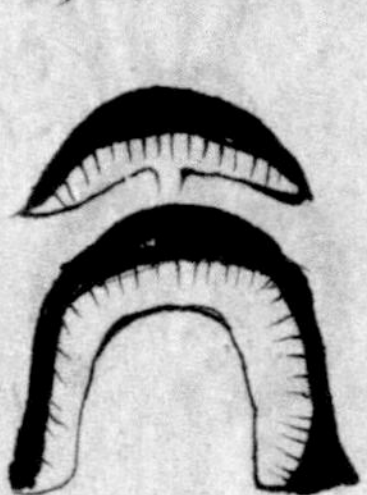

擁膝

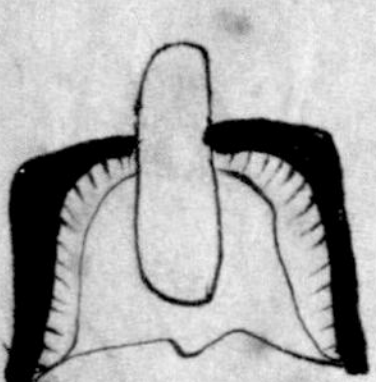

翅短

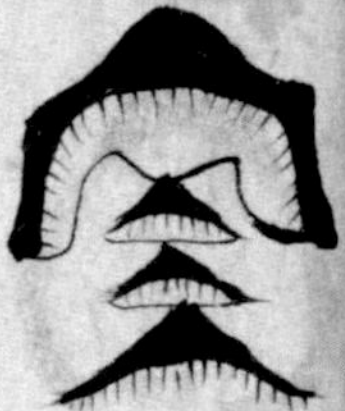

鱉裙

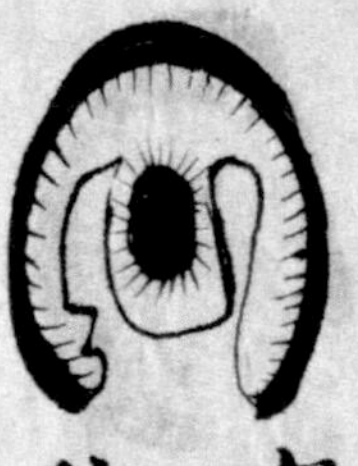

搖拳

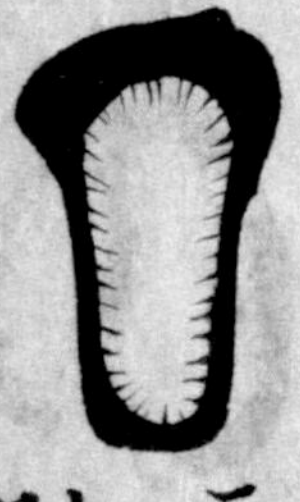

童頭

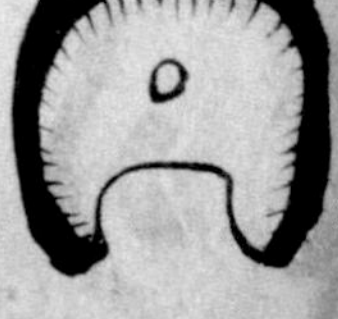

甕弦

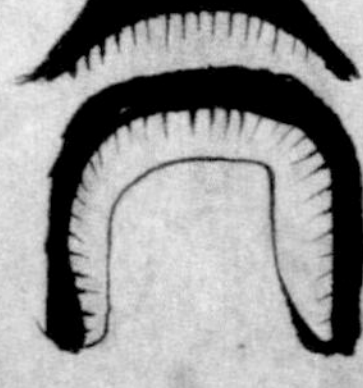

反肘

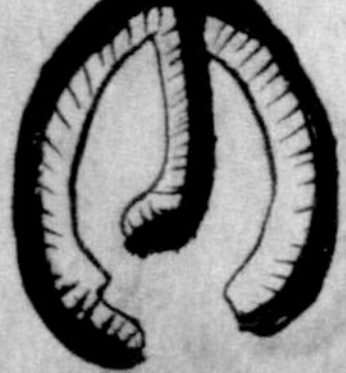

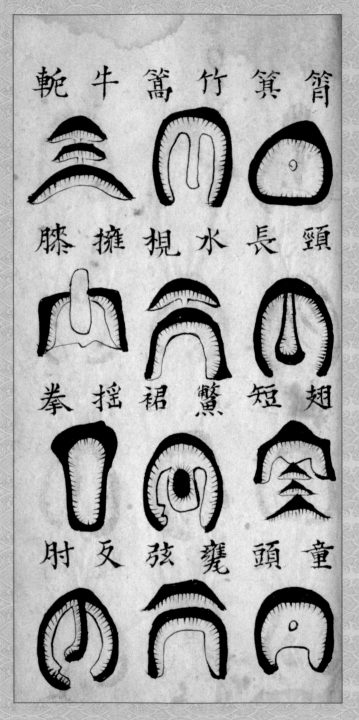

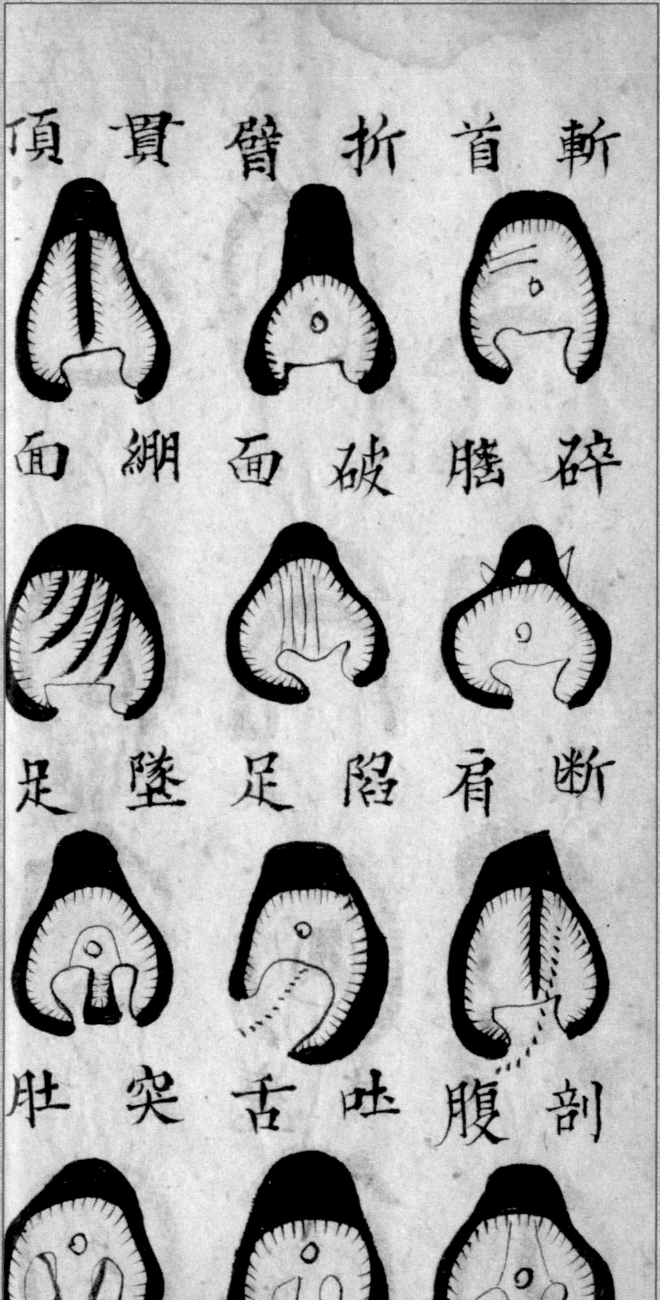
斬首
折臂
貫項
碎腦
破面
綳面
斷肩
陷足
墜足
剖腹
吐舌
突肚

弩嘴

虎窟堂

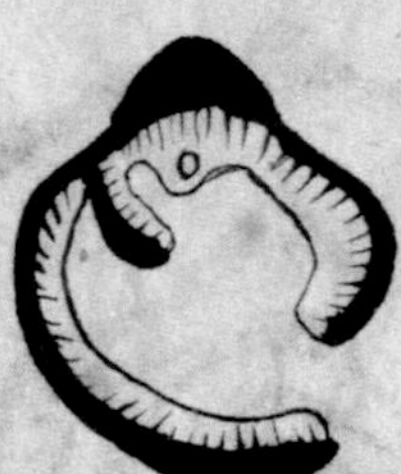

鍬面

玄武壁立

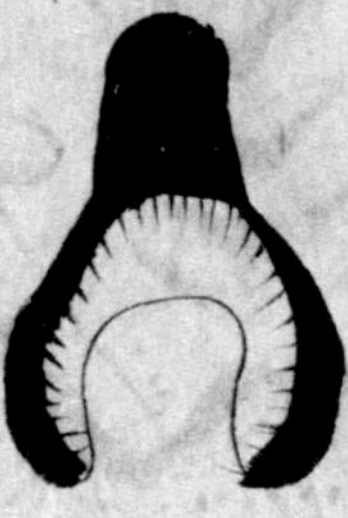

仰瓦

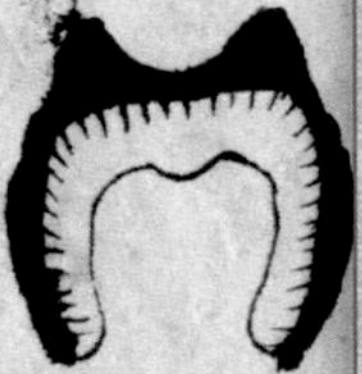

空巢

倒騎龍穴

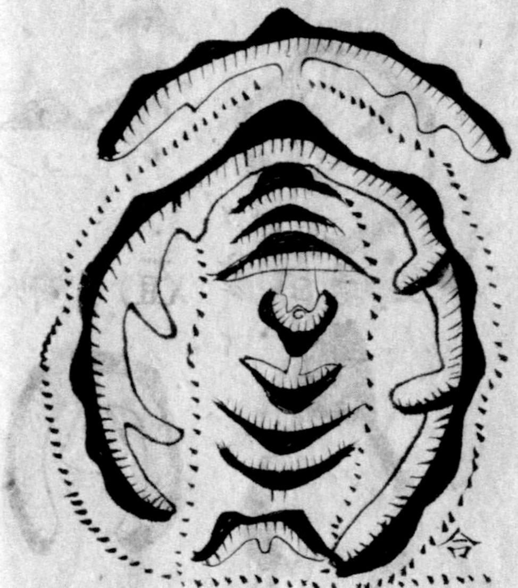


橫騎龍穴

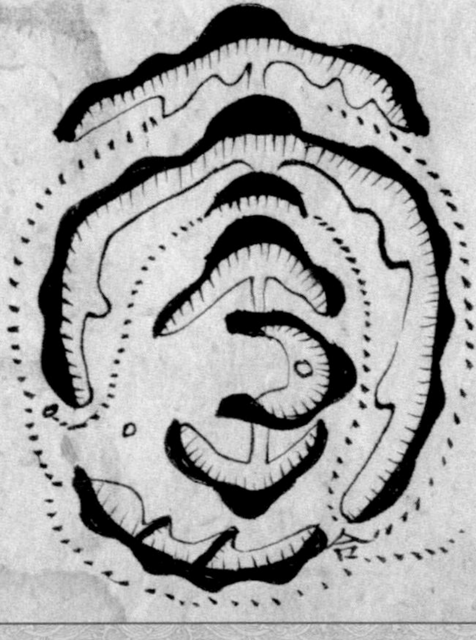

○第六教君乘氣法首從龍勢分强弱次别山體坐立眠又次脉上觀榮削氏地雖分龍穴砂水之端（下上）四而法不外葬乘生氣（之）一語是故龍以行此生氣者也穴以聚此生氣者也砂以衛此生氣者也水以养此生氣者也而其砂（妙）要在於能乘或

乘以泥丸或乘以兩耳或乘以腰腧或乘以湧泉乘雖不同然不外龙勢山体氣脉三者而權之也

故龙勢推左則左爲生右爲死龙勢推右則右爲生左爲死順來逆受逆來順扦斜勢正安正勢斜種直龍却向横中撞横龍

郤向直中接此自龍勢推之而可得乘氣之法也

左來右生

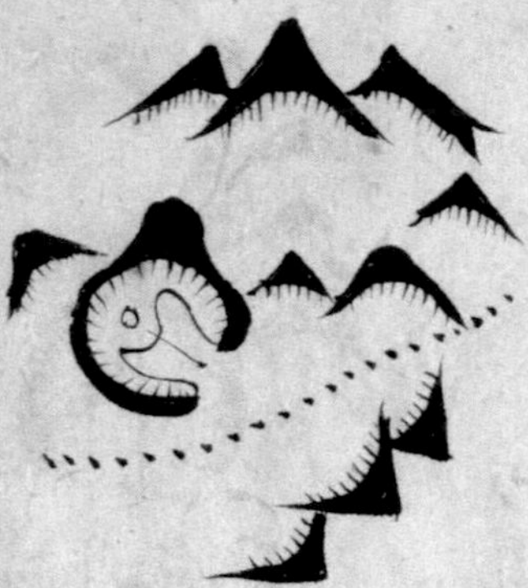

右來左生

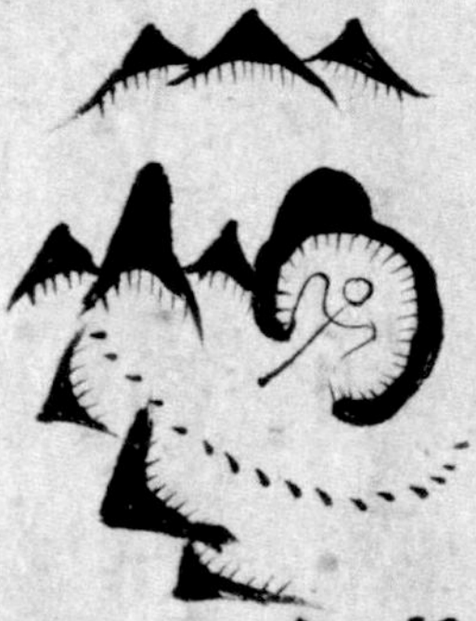

逆來順受

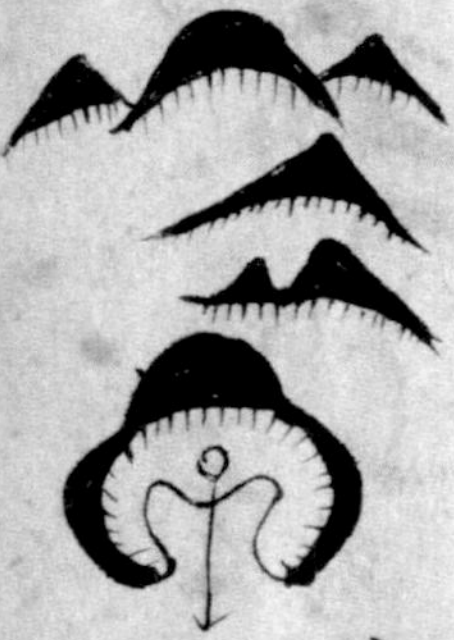

順來逆受

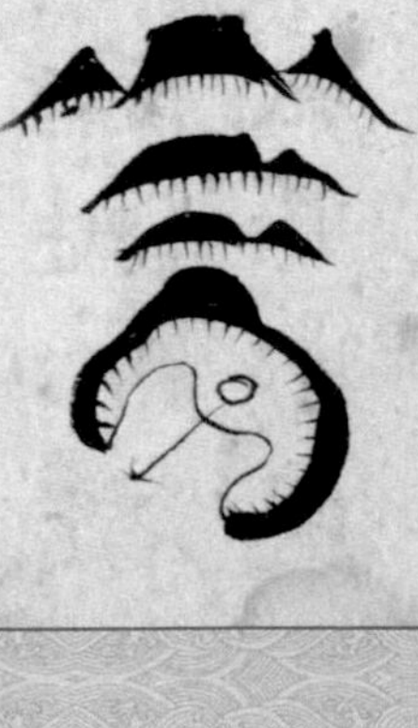

正來斜扦

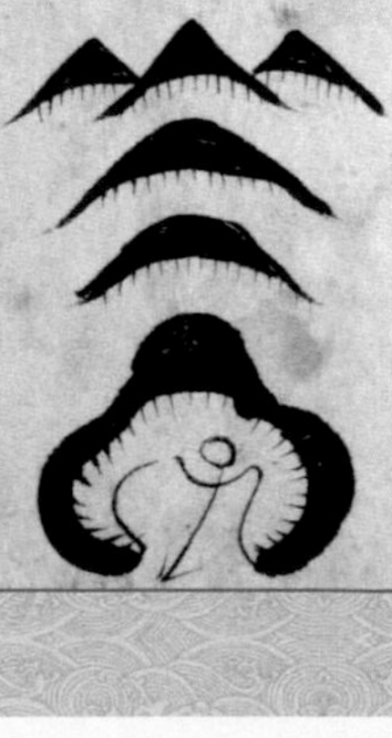

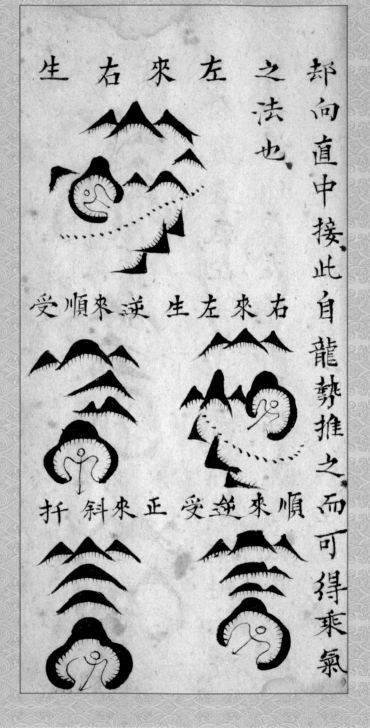

斜來正安

直來橫接

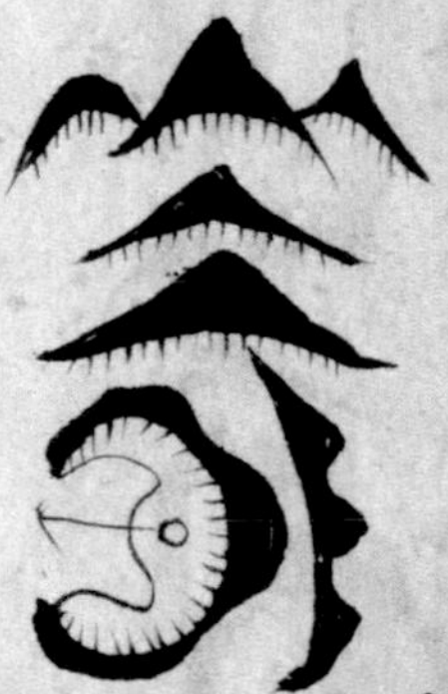

橫來直接

星辰聳者氣在高結巒峯正者在氣中凝

勢如偃仰氣在低下形顧左右氣閃兩邊

肥体取瘦飢体取飽故廖氏曰一个星辰

有三体立眠然(生)各異立是身聳氣上浮天穴此中來(求)眠是身仰氣下墜地穴如斯是坐是身屈氣中藏人穴最當(相)此自山体而可得乘氣之法也

仰口上聚

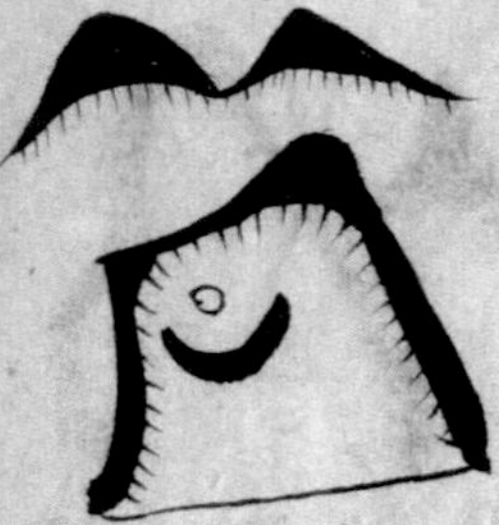

端正中聚

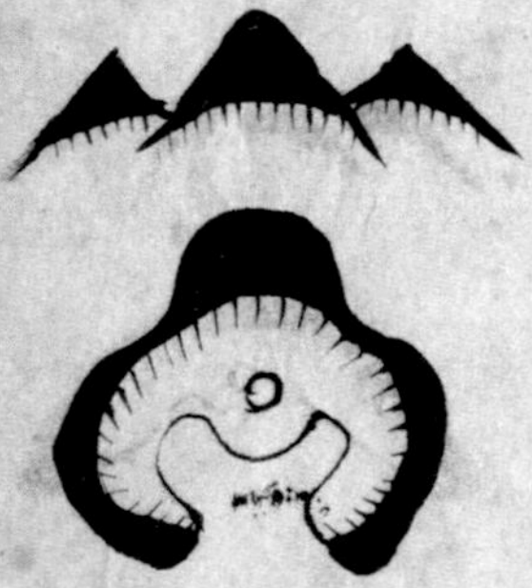

左右閃聚

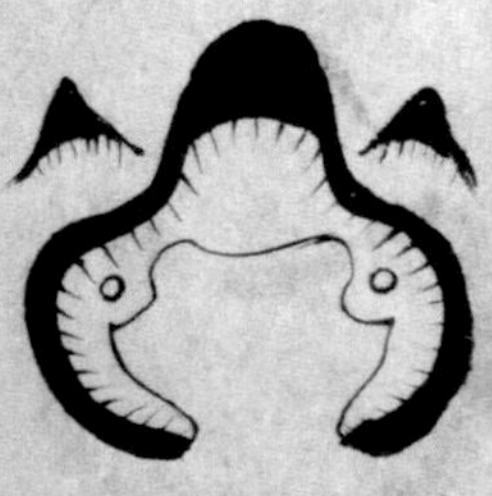

低垂下聚

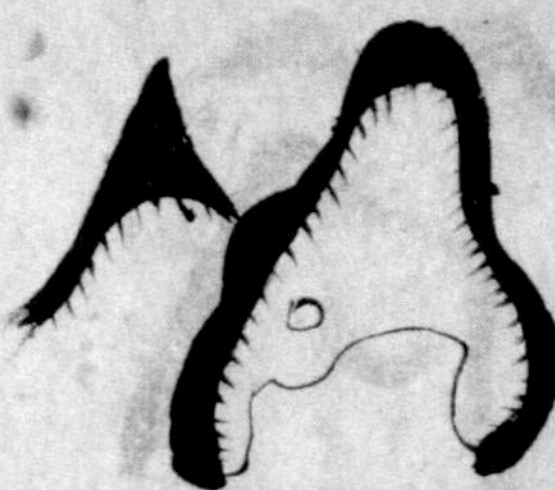

飢脉取飽

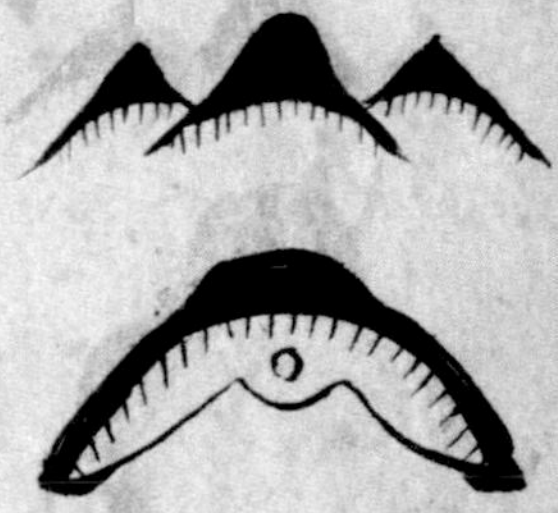

肥脉取瘦

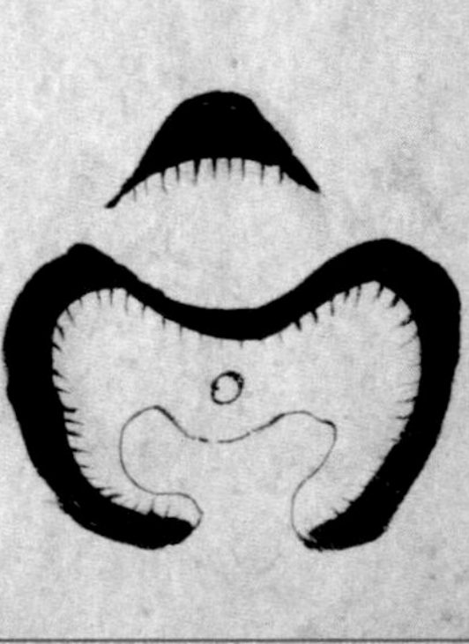

凡脉以活動者為生硬直者為死細嫩者為生粗蠢者為死員净者為生尖利者為死散脉取聚者為生顯脉取隱處為奇故

低垂下聚

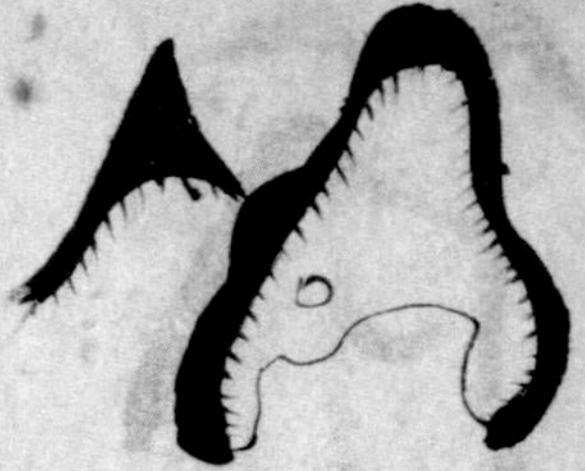

飢骵取飽

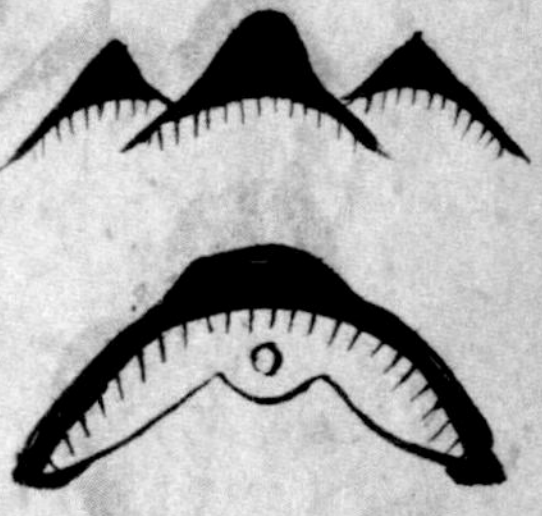

肥骵取瘦

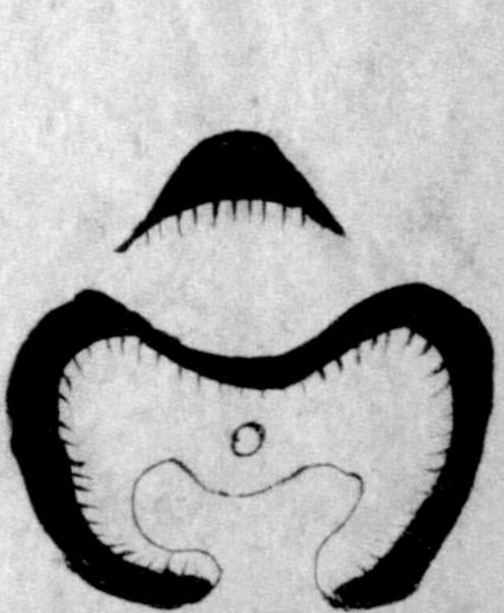

凡脉以活動者為生硬直者為死細嫩者為生粗蠢(蠢)者為死員净者為生尖利者為死散脉取聚者(處)為生顯脉取隱處為奇故

水泥一邊尖直來相從閃煞穴宜用從來倚穴亦如然莫道穴居偏此自氣脈詳之而可得乘氣之法也

墜煞

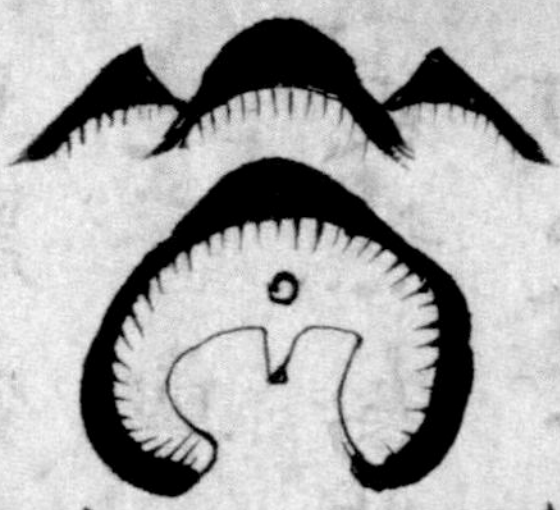

脫煞

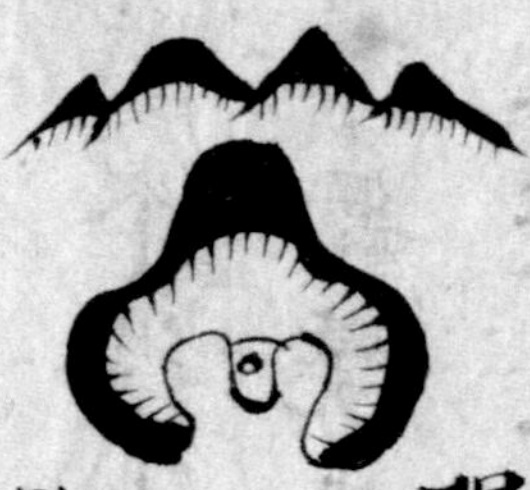

閃煞

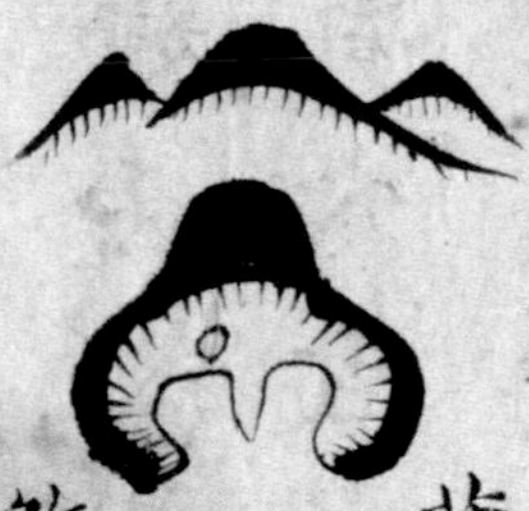

藏煞

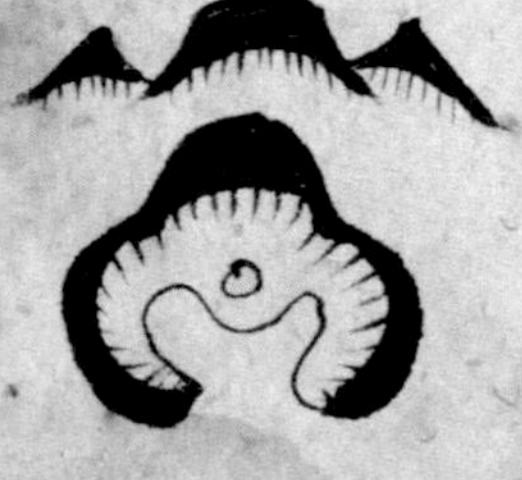

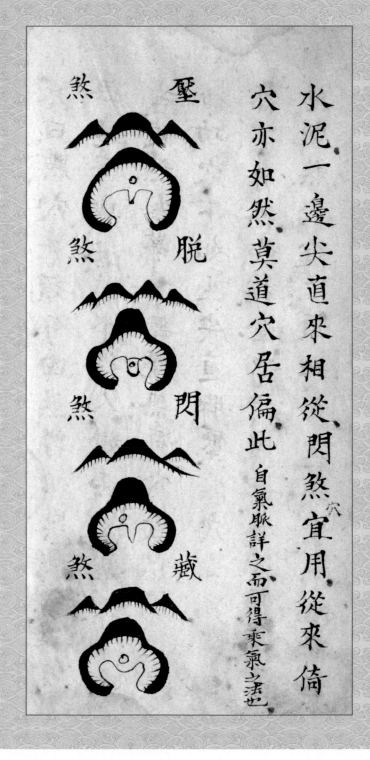

古人乘氣得之微首取扶法為精義廖公星彙語更奇牧堂穴賦深于理四貞三法盡詳明到此神化參天地

楊筠松作十二扶法廖禹著四面象星彙金蔡成禹作穴情賦三者皆得乘氣之妙用法詳見于后○外面四貞三法解義俱見下文

## 順杖法

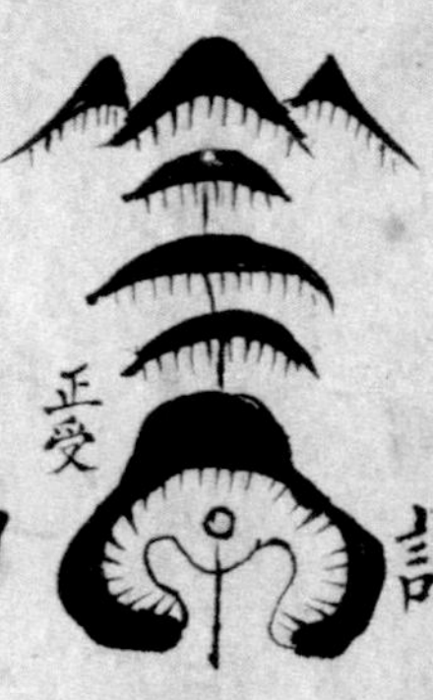


詩曰

## 逆杖法

詩曰

微上一脉曲如蛇此穴宜
從順杖加半紀之年先發
福兒孫興旺毫（豪）富家
山雄勢急莫當定饒減能
合氣自通逆受放棺斜倒
杖剛柔相濟福豐隆

開杖法

詩曰

截杖法

壓煞

詩曰

直中雄悍不堪言堂聚分
明有一邊直（隨）脈直離三兩
尺是名倚扙不故（枯）偏
上雄直卸下凭陸（陵）勢落中
間有氣停直截山腰騎脊（脊）
下此爲截扙有其因

縮杖法

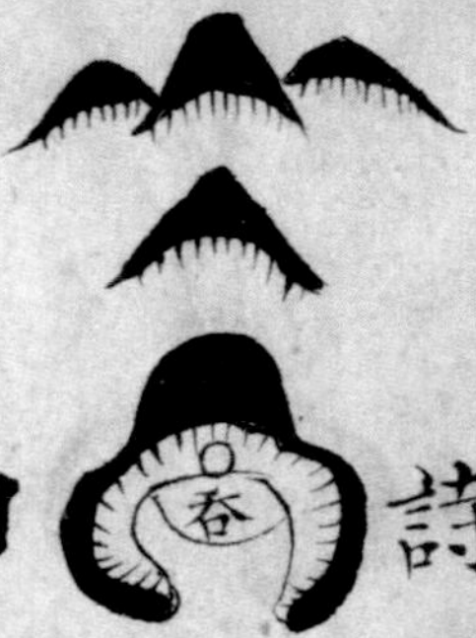


詩曰

綴杖法

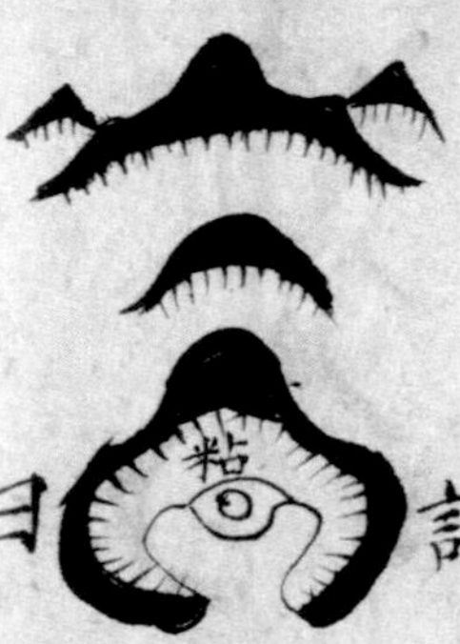


詩曰

勢短徐來上聚高氣鍾頂
腦產英豪放棺直審正中
脈縮杖扦之妙理多
硬直平來仔細論到頭急
緩勢難分放棺斬硬詳裁
截綴杖眞机世罕聞

沒杖法

詩曰

離杖法

詩曰

乳大山肥何處詳草蛇灰
線脊微茫穴從正乳中間
結沒杖宜開大塚堂

勢雄氣猛若無停下有鋪
茵展席坪放棺就中奇杖
倒員金端正壘墳城

穿杖法

詩曰

上剛下急勢難明
好撞中停枕樂星
十字放棺橫受脈
神仙穿杖有誰精

對杖法

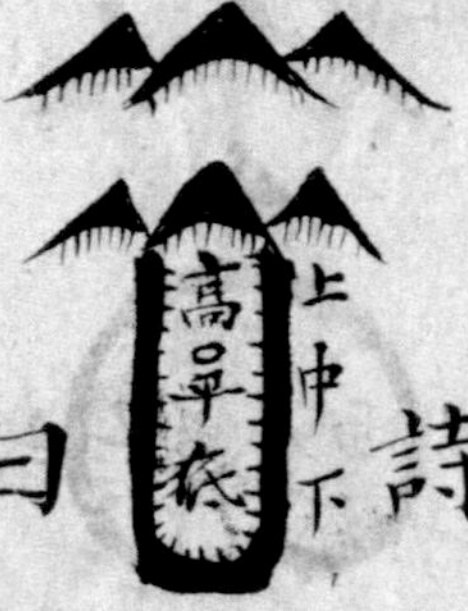


詩曰

山頭脈直仍平下
上聳中低穴隱安
急緩未分尋对杖
有成有敗此中看

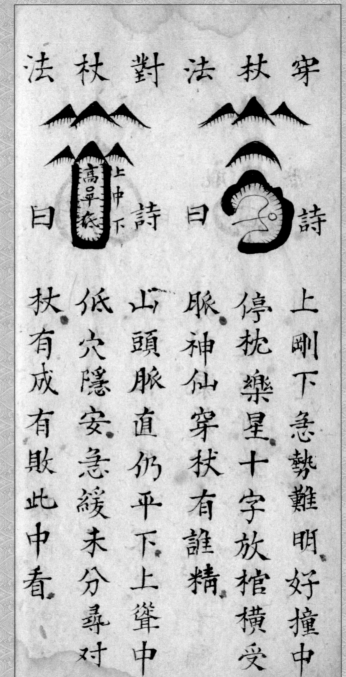

頓杖法

詩曰

穴脈崎嶇勢昂崇頓杖扦
之不讓鋒葬此但令尸不
壞人丁少旺只平庸

犯杖法

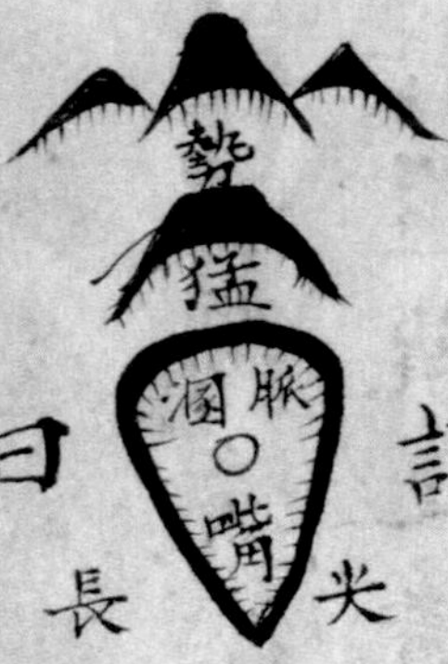


詩曰

山高玄武嘴尖鋒扦穴其
中太直冲葬此必令棺倒
側是名犯杖豈堪容

牧堂穴賦

魚尾擺開看後倚前親之勢虹（蜂）腰夌下認

横扦直就之情莫道無頭無面横看其踪

休言是木是金動中取穴順受横（逆）受何拘

刈（對）定（于）天心旁求正求猶在消詳於龍虎横

擔横落無龍却葬有龍直向直扦有氣須

安無氣橫山湊脊處曰闘斧直山扦柔處
曰入簷拋鞭須認節避刺要離根反手粘
高骨冲天打顋門反裁如把傘平視合提
盆擺出情難緩橫飛勢合翻逼大臨弦出
雄粗帶側尋打蛇休動骨點鼻莫傷唇五
直宜橫下三停妙影尋腕蓋扦鼠肉側耳

定龍心牛鼻防牽水魚腮要合襟

○四眞三法義

四眞者眞龍眞穴眞砂眞水是也三法者

高不闌闘然低不犯冷閃不離脉是也何謂

眞龍穴頂一線之脈如絲如帶若隱若顯

滴落穴内此眞龍也何謂眞穴葬口上下

之間有毬有簷如覆如仰生氣融結此眞穴也何謂眞砂蟬翼牛角是也故乳穴無蟬翼以蔽于後則其氣寒口穴無牛角以抱于下則其氣散此二者之所以爲眞砂也何謂眞水蝦鬚蟹眼金魚是也局上無蝦鬚之分水則憂淋頭下無金魚蟹眼之合

水則慮割脚此三者之所以爲眞水也故
胎腹經曰眞龍既降眞水夾絶（纏）天心湧凸
必有眞穴又曰立穴之法須看眞砂眞砂
既應穴正無差砂關兩路水對三岐（叉）合之
可知四眞之最有關于生氣矣破毬謂之
闢（鬪）殺蓋脈强而不知饒減或脈緩而過于

呑之故也破簷名爲犯冷葢脈柔而不知
呑縮或脈急而過于吐之獘也故楊氏曰
寧傷其穴莫傷其龍傷穴冷敗傷龍故山
此可知呑吐之不可不慎矣欲無離脈之
獘則上有盖金分金不可不乘下有合金
不可不相傍有夾金不可不卯正中作穴

而弊可免矣欲得挨閃之法則來有股明股暗不可不審到有後先不可不辨氣屬先到不可不挨〻閃得宜而氣可乘矣故楊氏曰收砂收水塟法之主或左或右隨砂水住胡矮仙曰兩片三乂穴自然扶隨斜側尖員抱接迎放遶送分强弱个字之中

玄又玄。廖氏曰、不拘明界與暗界、先到必須挨、能會明暗挨閃法、左右任君裁。合之可得偏正挨扰之法矣

懸乳毬簷蝦鬚

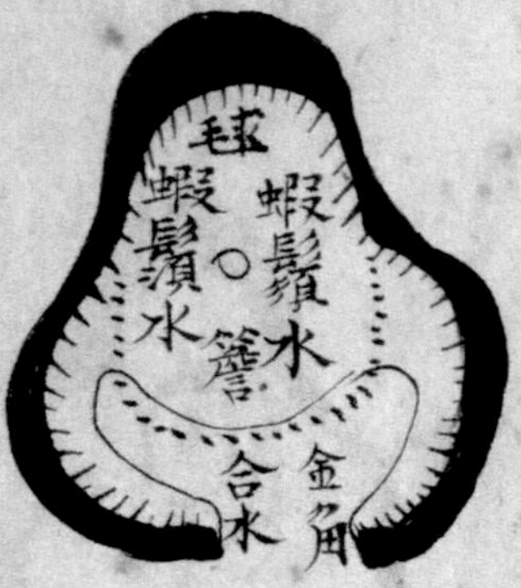


開口毬簷蝦鬚

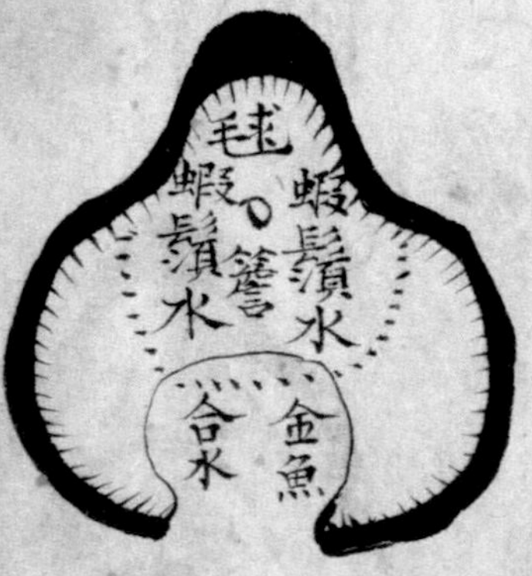

開口牛角砂圖

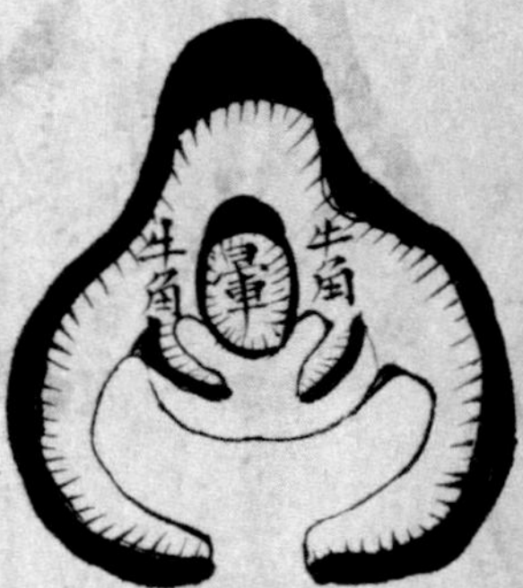


懸乳蟬翼砂圖

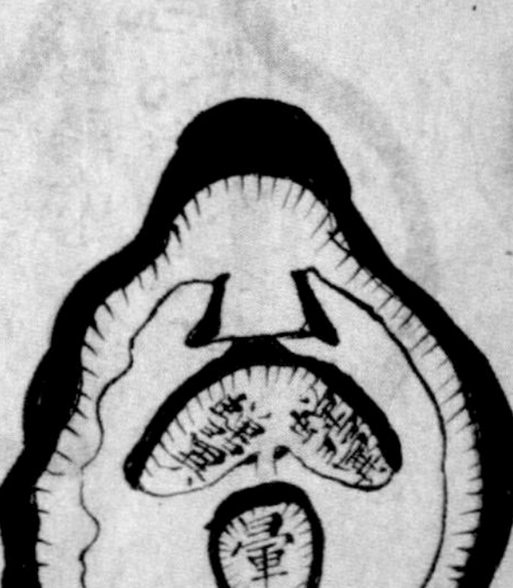


葬者原其起乘其止論大槩則來龍爲起入首爲止論一穴則頂爲起唇爲止故先賢命穴起頂處曰毬滴處曰簷語蝦鬚則

曰微茫不論高山平地皆有之語金魚則
曰兩股仙婆集謂唯高山有之者是鈎玄
論指乳穴而言者非語蟹眼則曰一滴仙
婆集謂唯平地有之者是鈎玄論指開口
穴而言者非近時諸說或語金魚蟹眼而
而遺
遺蝦鬚是失原起之義矣或語金魚蟹眼

是失平地之止矣、或語蟹眼、而遺金魚、則又失高山之止矣、爰是面畐太陽區別之以例其餘○牛角蟬翼無容多办

尋龍歌

尋龍先識行與止、去來分合勿昏迷、遊鱗風翼非眞落、勒馬横弓識止機、